MW01599106

El Desarrollo de la Trinidad

La Evolución de una "Nueva Doctrina"

Glen Davidson, M.A.

Traducción por:
Jacqueline Martinez-Saenz

El Desarrollo de la Trinidad:
La Evolución de una "Nueva Doctrina"

Copyright © 2012
Glen Davidson, M.A.

ISBN: 978-07577-4345-0

Impreso por:
Pentecostal Publishing House
8855 Dunn Road
Hazelwood, MO 63042

Agradecimientos

Deseo agradecer a Dios tanto por entendimiento histórico como por revelación bíblica. No lo sé todo, mas lo que sí veo ha cambiado mi vida. Dios ha sido bueno conmigo.

Primeramente, deseo agradecer a James Smith III, ThD (Universidad de Harvard). Él es el profesor de historia de la iglesia en el Seminario Betel y la Universidad de San Diego, además de un historiador respetable. No hubiera podido lograr esta investigación sin su guía y consejo.

En segundo lugar, agradezco a Dios por mis maravillosos padres judíos. Después que crecieron nuestros hijos, mi madre, Louisa, pagó completamente por mi educación en el seminario: no hubiera podido investigar el tema en este libro de no haber sido por su apoyo.

Por último, mi esposa, Nancy, es una joya y merece sumo reconocimiento. Aparte de todo lo demás, soportó innumerables horas de conversación forzada sobre ella por mi interés sobre el tema. Ella también ha editado las siguientes páginas. ¡Es una mujer "digna de ser altamente alabada"!

Prefacio

Viajé por dos horas en el avión desde Chihuahua a Tijuana con un estudiante de la escuela bíblica y ministro de Ensenada. Después de repasar los hechos claros del bautismo realizado en el nombre de Jesucristo (o declarado similarmente) en el libro de Hechos (Hechos 2:38; 8:16; 10:48; 19:5; 22:16), discutimos las preguntas obvias: ¿Qué de la Deidad? ¿Quién es Jesús? ¿Por qué, cuando Mateo registra que debemos ser bautizados en el "nombre del Padre, y del Hijo, y del Espíritu Santo;" descubrimos que los apóstoles bautizaron en el "nombre" de Jesús? ¿Acaso Jesús les estaba dando palabras precisas o estaba *abriendo su entendimiento*—que el arrepentimiento y el perdón de pecados sería en *Su* nombre, comenzando desde Jerusalén?[1] ¿Por qué no encontramos mención del bautismo utilizando la fórmula anterior hasta 130 D.C.?

Mientras aterrizábamos, mi nuevo amigo comentó, "Según mi tradición cristiana, ésta es una nueva doctrina." Yo respondí, "Ese es precisamente el detalle." No queremos una nueva doctrina, pero eso fue precisamente lo que se desarrolló en años postapostólicos. La "nueva doctrina" era aquella de la trinidad.

---

[1] Lucas 24:45, 47. Notamos además que la iglesia efectivamente comenzó en Jerusalén con el derramamiento del Espíritu Santo y el mensaje inicial de Pedro (Hechos 1:8; 2:4; 2:38). (Véase también Mateo 16:13-19).

ICONO ORTODOXO DE LA TRINIDAD

Las tres personas, según Gregorio de Nisa,
eran como Pedro, Santiago y Juan.
(Véase las páginas 87-88.)

Tabla de Contenido

Prólogo

Es imposible investigar y escribir sobre un tema histórico o especialmente teológico sin prejuicio. La objetividad es honorable. Ése ha sido mi intento durante este tiempo de estudio. Sin embargo, permítame comenzar con una confesión para que no hayan "cartas ocultas." Por más de treinta años he sido parte del movimiento Pentecostal Unicitario. Al principio luché contra la doctrina. Lo único que veía era el rebautismo en el nombre de Jesús y no comprendía su importancia.[2] Sin embargo, las cosas cambiaron. Después de una temporada de ayuno y oración, ví que el "Dios poderoso" estaba "en Cristo reconciliando consigo al mundo" (Isaías 9:6, 2 Corintios 5:19). ¡Había un espíritu de revelación tan dulce! No era una segunda persona quien fue echada del cielo sino Dios mismo hizo la redención. Jesús era quien yo había deseado que realmente fuera.

Ahora, los años han pasado y he tenido la oportunidad de asistir a la universidad de graduados. He tenido el privilegio de obtener una maestría en

---

[2] E.N. Bell afirmó el mismo problema en su reconcilio de la doctrina de la "Nueva Cuestión". Sin embargo, dejaremos eso para otro estudio.

teología en el Seminario Betel con una concentración en la historia de la iglesia. El objeto de mi estudio fue el desarrollo de la trinidad. El libro que usted está por leer surge de esto. Comenzé el estudio sin desear matar con hacha pero terminé convencido más que nunca que tenemos un mensaje que proclamar. La trinidad—sin duda alguna de cualquier historiador—efectivamente fue un desarrollo. Las ideologías que condujeron y surgieron de este dogma fueron influenciadas por el pensamiento griego, o sea el neoplatonismo.[3]

Este tema se repetirá durante este estudio: si simplemente tomáramos la Palabra de Dios y la historia de la iglesia como son, veríamos claramente que la trinidad fue algo que se desarrolló como una explicación carnal (humana) de cosas reveladoras. Añadido a eso fue el problema extremo de la teoría platónicamente inspirada de la segunda "persona"—o deidad—en la Deidad que era preexistente antes del nacimiento de Jesús. Después de eso surgió el lenguaje "coigual," "coeterno," etc. Ésto cristalizó los errores del pensamiento de la iglesia. La iglesia (universal) católica efectivamente se ha convertido "católica" (como una religión con sus propias ideas). La nueva doctrina de la trinidad, como lo expresó Adam Clarke, contaminó la fuente.

---

[3] Justo González escribe, "La historia larga de una interpretación neoplatónica de la cristianidad había dado paso hacia la teología cristiana por medio de la influencia de Justino, Orígenes, Agustín,..." (*The Story of Christianity*, Vol. 2 [Peabody, Mass.: 2001], 51).

Prólogo

Permítame asistirle con tres sugerencias al leer las siguientes páginas. Primeramente, lea las notas de pie de página. Algunas de ellas hacen referencia a historiadores conocidos.[4] Cuando vea sus nombres, usted sabrá que individuos conocidos y respetables apoyan el tema. Éste es un objetivo principal en este estudio. Los hechos de la historia son sólo eso: hechos. Historiadores eruditos y respetables—la mayoría de los cuales son trinitarios teológicamente—nos dan a saber cómo se desarrolló la trinidad. Otras notas de pie de página tratan más el tema. Hay veces en que llegamos a una "madriguera de conejos" y llegamos a un tema interesante,[5] pero se discute mejor por medio de la nota de pie de página más que en el texto principal.

En segundo lugar, asegúrese de no perderse de una sección bastante informativa y emocionante:

---

[4] La mayoría de teólogos reconocerán nombres como Jaroslav Pelikan, Otto Heick, Alister McGrath y Justo González, pero no todos los demás serán afortunados. Las referencias, junto con los apuntes acerca de los autores en la bibliografía anotada, serán bastante útiles cuando se familiarice con ellas. Además, puede aprovechar de su propia investigación de esta manera.

[5] Descubrirá después, por ejemplo, que lo más probable es que el dicho "Dios en tres personas" no se haya popularizado hasta 1861. (¡Añadí ésto como un ejemplo de nota de pie de página!)

"Palabras no bíblicas que se usan en la historia de la iglesia."[6] Las palabras comunes en la cultura cristiana de hoy en día son "Dios el Hijo," "Dios el Espíritu Santo," "Hijo Eterno," "coigual" y "coeterno". Sin embargo, ninguna de estas palabras se usaron hasta muchos siglos después de que los primeros y hasta segundos[7] apóstoles hubieran "acabado la carrera" y murieran. Me doy cuenta que las palabras que no son bíblicas no necesariamente indican un error, mas debería ser obvio que nosotros como cristianos hemos aceptado palabras—junto con sus conceptos—que no se encuentran en las Escrituras.

En tercer lugar, asegúrese de visitar la bibliografía. Usted puede obtener los libros por medio de bibliotecas públicas y confirmar la plena intención de los comentarios de los historiadores. Esta bibliografía es anotada y seleccionada. Se usaron muchos otros libros en este estudio, mas sólo las fuentes más importantes están en esta lista.

Supongo que usted ya comprende lo básico de la teología Unicitaria antes de leer ésto. De no ser así, permítame repasar brevemente la base. El primer concepto es: Dios fue y es uno. Él declaró ésto a

---

[6] Por favor véase la Tabla de Contenido.

[7] Clemente de Roma, en su Primera Epístola a los Corintios (capítulo 6), menciona que predicadores postapostólicos "acabaron la carrera de su fe con firmeza." Se refería en parte a sus grandes pruebas de fe y persecución y los reconoció como "apóstoles" postapostólicos. Aceptamos su término.

Israel (Deuteronomio 6:4; 32:39; Isaías 44:6). La base establecida intencionalmente del monoteísmo es básica a la Escritura y al corazón de Dios.

Ésto no debe provocar argumento alguno de ningún lector del Antiguo Testamento. Dios es llamado el "Santo"[8] de Israel. Las profecías de Su apariencia como Dios son asombrosamente esclarecedoras:

Isaías 40:9: "di a las ciudades de Judá: ¡Ved aquí al Dios vuestro!"

Isaías 45:22-23: "Mirad a mí, y sed salvos, todos los términos de la tierra, porque yo soy Dios, y no hay más. Por mí mismo hice juramento, de mi boca salió palabra en justicia, y no será revocada: Que a mí se doblará toda rodilla, y jurará toda lengua.

Pablo interpretó este "yo" que es el Dios como el hombre Jesús tanto en Romanos 14:11 como en Filipenses 2:10.

Zacarías 12:10: "y mirarán a mí, a quien traspasaron..."

Malaquías 3:1 (NVI): "Yo estoy por enviar a mi mensajero para que prepare el camino delante de mí.

---

[8] Como lo escribió William Penn, "Él no es los 'Tres Santos' sino el 'Santo'". ¡Dejaremos los detalles de su escrito para el próximo estudio!

De pronto vendrá a su templo el Señor a quien ustedes buscan..."

Juan el Bautista preparó el camino antes de Jesús, como Marcos 1:2-3 nos dice.

El misterio de Dios en Cristo en el Nuevo Testamento es fascinante. Él les dijo a los judíos, "Antes que Abraham fuese, yo soy" (Juan 8:58). Trataron de apedrearle, mas Él se alejó. Dijo, "Yo y el Padre uno somos" (Juan 10:30). En su ira por esto, trataron de apedrearle de nuevo, pero Él de nuevo se alejó. Antes de ser tomado para ser crucificado, declaró "Yo soy." Ellos cayeron hacia atrás pero inmediatamente después aparentemente no lo pensaron, porque regresaron para llevárselo.

¡Qué misterio glorioso! Dios se manifestó como hombre. La preexistencia del "Hijo eterno de Dios" no es conducente al monoteísmo y fue un desarrollo, como espero que usted vea en las próximas páginas.

El segundo concepto es éste: Hechos 2:38 es la clave hermenéutica para comprender el resto del Nuevo Testamento. En otras palabras, la iglesia comenzó en el Libro de Hechos. Después que el poder de Dios llenó las vidas de los primeros creyentes, la multitud visitante preguntó como deberían responder. Pedro, a quien se le habían dado las "llaves" del nuevo reino, respondió:

"Arrepentíos, y bautícese cada uno de vosotros en el nombre de Jesucristo para perdón de los pecados; y recibiréis el don del Espíritu Santo. Porque para vosotros es la promesa, y para vuestros hijos, y para todos los que están lejos; para cuantos el Señor nuestro Dios llamare."

No creo que nosotros (los Pentecostales Unicitarios) no hayamos captado la idea. Éste fue el comienzo de la iglesia y éste fue el primer mensaje. El plan del bautismo en agua junto con el bautismo del Espíritu Santo se repitió en Hechos 8, 10 y 19. Nadie entró al reino en el Libro de Hechos sólo por creer. La insistencia en el agua y el Espíritu ha causado que el movimiento sea marginalizado por muchos, pero aún es el modelo de los primeros creyentes.

Existen dos razones más por las cuales el movimiento a menudo es marcado como herético.

Primeramente, a algunos el movimiento Unicitario les parece como un avivamiento de modalismo (o "monarquismo modalístico"). David Bernard lo niega,[9] Gregory Boyd lo confirma[10] y algunos autores Unicitarios han admitido algunas pero no todas sus similaridades.[11]

---

[9] David Bernard es indiscutiblemente el escritor más prolífico en la defensa del Pentecostalismo Unicitario. Él admite que existen similaridades pero es cauteloso de no hacer conexiones teológicas completas.

[10] Gregory Boyd es muy conocido por su crítica del Pentecostalismo Unicitario. Él es un "desertor" del movimiento. Su libro, *Oneness Pentecostals and the Trinity*, relaciona su teología y biografía.

[11] Talmadge French, por ejemplo,

Pero no existe ningún vínculo entre el modalismo y el avivamiento Unicitario en los años del siglo 19. De este modo nuestro pensar no es un avivamiento de teología previa, al menos no intencionalmente. Nuestro propósito en la Unicidad es mantener fidelidad a las Escrituras, al entendimiento revelador, a Dios y a nuestra conciencia. Si éso significa elaborar de nuevo al pensamiento tradicional trinitario, que así sea.

En segundo lugar, negamos que el desarrollo de la trinidad fue inspirado espiritualmente o "revelador". La lectura de cualquier historia sobre este tema, sin embargo, confirmará que nuestro análisis es correcto. Mi propia hambre por hechos históricos causaron largas horas de investigación que excedieron sumamente cualquier requisito de la universidad de graduados. Este libro es "la punta del témpano de hielo" de un montón de información. No pude encontrar ni a un historiador que concluyó que la trinidad fue el resultado de revelación. El consenso abrumador fue que el dogma se desarrolló por las mentes de los hombres.[12] Hay muchas, muchas

---

llama al comienzo del movimiento Unicitario "simultáneo" en vez de modalismo "cronológico" en su libro histórico, *Our God is One: The Story of Oneness Pentecostals* (Indianapolis: Voice & Vision Publications, 1999), 15.

[12] Algunos ministros no eruditos han dicho que el Espíritu Santo debe haber inspirado gradualmente a líderes patrísticos de la iglesia. Pero, de nuevo, ningún historiador tiene esa opinión.

citas que pueden hacer la lectura de este libro un poco laboriosa, pero por favor entienda su propósito: este estudio no es para llenarlo con mi propia opinión sino con las opiniones de historiadores eruditos mucho mejores que yo mismo. Mis esperanzas y oraciones son para que aumente su entendimiento personal. Espero que este estudio le ayude, bendiga y esclarezca.

Introducción

Después que Jesús resucitó de la muerte, prometió llenar a la primera iglesia con el Espíritu Santo. Este comienzo de la iglesia del Nuevo Testamento fue explosivo. Los primeros creyentes experimentaron una transformación dinámica, cambiando su cobardía por valentía. Inmediatamente después del Día de Pentecostés, un hombre cojo que nació de tal forma y en ése entonces de más de cuarenta años de edad, fue sanado en las puertas al frente del templo. El fuego de los cielos "consumió el holocausto" (2 Crónicas 7:1) de los discípulos que esperaban. La corriente espiritual oculta era profunda, vigorosa y "violenta" (Mateo 11:12). Dos eventos fueron el enfoque de este pueblo afortunado. Primeramente, Jesús había resucitado de la muerte. En segundo lugar, el poder de Dios estaba en plena operación.

Desde este punto de vista escribe un erudito: "por casi un siglo después del fin de la época del Nuevo Testamento—o casi hasta el fin del segundo siglo, no existe ningún desarrollo nuevo y destacado de la opinión cristológica en la Iglesia."[13]

---

[13] Alan Richardson, *Creeds in the Making: A Short Introduction to the History of Christian Doctrine* (Great Britain, Macmillan Company, 1935), 31-32.

11

Cuando leemos sobre desarrollos más tarde en la historia de la iglesia, no podemos evitar ver un declive en enfoque y poder. La introducción de la famosa obra *Early Church Fathers* de Philip Schaff dice:

La desilución puede ser la primera emoción del alumno que desciende de la montaña donde ha habitado en los tabernáculos de evangelistas y apóstoles: puesto que estos discípulos son manifiestamente inferiores a los maestros; hablan con voces de hombres débiles y falibles y no como los escritores del Nuevo Testamento, con las lenguas ardientes del Espíritu Santo.[14]

En términos de poder, la primera iglesia era vibrante. En la doctrina general, los creyentes eran monoteístas. Los primeros respondedores eran líderes judíos quienes habían llegado a Jerusalén para la realización de la celebración de la "fiesta solemne de las semanas" o Pentecostés (Deuteronomio 16:16). Según un historiador, estaban propensos a "considerar su monoteísmo como una insignia de su nacionalidad y como una diferencia principal entre su propia religión y aquella de sus naciones vecinas."[15] La iglesia primitiva,

---

[14] A. Cleveland Coxe, Introduction, *Early Church Fathers: The Translations of the Writings of the Fathers down to A.D. 325*, ed. Philip Schaff, [CD ROM] (Waco, Texas: Epi-phany Software, 2006).

[15] Richardson, 34.

en las palabras de David Wright, se distinguía del paganismo por su monoteísmo absoluto."[16] Su "doctrina de un Dios," según J.N.D. Kelly, "formó el orígen y las premisas irrefutables de la fe de la iglesia...Era su baluarte en contra del politeísmo pagano."[17]

Mas ahora tenemos una característica agregada al monoteísmo. Jesucristo era un hombre, ¿pero acaso era algo más? ¿Era Dios? Como pregunta Jaroslav, ¿acaso lo divino que ha aparecido en la tierra y ha reunido al hombre con Dios es idéntico con el divino supremo, quien gobierna al cielo y a la tierra, o es un semidiós?[18] ¿Cómo abordaría la iglesia estas preguntas?

Luego Pelikan continúa "el dogma de la Trinidad se desa-rrolló como la respuesta de la iglesia a una pregunta sobre la identidad de Jesucristo. ¿Era o no Él igual en su existencia divina con el Creador y Señor del cielo y la tierra?"[19] David Wright representa una

---

[16] David Wright, "Trinity" *Encyclopedia of Early Christianity*, ed. Everett Ferguson (New York: Garland Pu-blishers, 1997), 1142. Wright es el profesor emérito de la cristianidad patrística y reformada en la Universidad de Edinburgh.

[17] J.N.D. Kelly, *Early Christian Doctrines* (London: Adam and Charles Black, 1958), 87.

[18] Jaroslav Pelikan, *The Christian Tradition; A History of the Development of Doctrine, Vol. I: The Emergence of the Catholic Tradition (100-600)* (Chicago: University of Chicago Press, 1971), 172.

[19] Ibid., 226.

perspectiva común de lo que sucedió al responder a la pregunta:

La doctrina de la Trinidad es uno de los principios más distintivos y fundamentales de la fe cristiana...Fue durante los siglos patrísticos que la fe Trinitaria de la iglesia asumió la forma que ha retenido en gran parte durante su historia.[20]

Si la trinidad se volvió fundamental para la fe cristiana, debemos examinar su enseñanza. La palabra "trinidad" ni se menciona como una palabra ni se deletrea conscientemente en las Escrituras.[21] Está claro

---

[20] Wright, Ibid.

[21] A menudo los trinitarios usan dos versículos como texto de prueba: Mateo 28:19 y 2 Corintios 13:14. Mateo 28:19 no era una proclamación de tres deidades sino un anuncio de la resurección de Cristo y la gran comisión de Jesús para los apóstoles. Si estaba predestinado que se hiciera una declaración teológica trinitaria, se hubiera notado en las palabras de Jesús. Pero Jesús dijo, "Toda potestad me es dada" y "he aquí yo estoy con vosotros todos los días" no "ellos...." Además, el relato paralelo de Lucas 24:45, 47 muestra que Jesús estaba abriendo "su entendimiento" que el perdón de pecados se predicaría en "su nombre," comenzando en Jerusalén. El cumplimiento del evento se registró en Hechos 2, cuando Pedro predicó el bautismo "en el nombre de Jesucristo" (Hechos 2:38). La otra referencia, 2 Corintios 13:14, fue

que este sistema de creencia fue un desarrollo. Éste es el detalle que todo estudiante bíblico o ministro debería notar. Alister McGrath, un escritor muy conocido por seminarios, declara que "de este modo la mente de la iglesia se desarrolló gradualmente." Él coloca cuidadosa y correctamente la madurez histórica de la trinidad en tres etapas:

1. El reconocimiento de la divinidad plena de Jesucristo.
2. Divinidad del Espíritu.
3. La formulación definitiva de la doctrina de la Trinidad...determinando su relación mutua.[22]

La primera etapa es bíblica. Se estableció la teología de la "misma substancia," como veremos, en el primer Concilio de Nicea. La segunda etapa sucedió antes y durante el Concilio de Constantinopla. Para entonces, la perspectiva se había convertido filosófica y extrabíblica. Aún no se había definido al Espíritu Santo como una "persona" hasta esta época pero ahora se

---

el final de (lo más probable la cuarta) carta de Pablo a los corintios. El género es una bendición, no una declaración doctrinal. Pablo estaba finalizando sus cartas pero no estaba tratando de instruír a la iglesia en asuntos relacionales dentro de la tríada divina.

[22] Alister McGrath, *The Christian Theology Reader. Second Edition* (Malden, Ma.: Blackwell Publishing, 2001), 184-185.

unía a las otras dos. Para la tercera etapa, la palabra "personas" llegó a significar más de lo que se había propuesto originalmente y todas las tres "personas" en la Deidad podían hablarse y amarse unas a otras. La palabra "trinidad" en el segundo siglo entonces tomó nuevas definiciones. El estudio del desarrollo de este concepto de la "trinidad" será el tema de las siguientes páginas.

Después de los Apóstoles de Hechos

La primera etapa de los apóstoles, por supuesto, se encuentra registrada para nosotros en el Libro de Hechos. El desarrollo de la trinidad realmente no comenzó hasta 130 D.C. Antes de comenzar este estudio, sin embargo, observaremos brevemente esta época después de los primeros apóstoles. La edad "postapostólica" en esta época incluyó a Clemente de Roma, Ignacio de Antioquía y Policarpo de Esmirna. En la mayor parte, los historiadores señalan en particular al tono teológico de estos escritores como "modalista" (un sistema de creencia bastante similar al Pentecostalismo Unicitario moderno).

A pesar del muy conocido lenguaje "monárquico" de estos predicadores, algunos trinitarios aún señalan que los escritos de esta época efectivamente pudieron tener indicios pretrinitarios, aunque carecen de la esencia de su definición. Intentaremos abordar estas afirmaciones.

Clemente de Roma (?-101 D.C.)

Este predicador contínuamente exaltaba a Cristo como "su Dios." Ya que sus años son tan cercanos a la edad de los apóstoles, esto es significativo. (La mayoría de historiadores creen que es el mismo Clemente a quien Pablo se refería en Filipenses 4:3.) La famosa epístola de

17

Clemente a los corintios es muy parecida al lenguaje del Nuevo Testamento.

¿Existen objeciones a esta perspectiva de Clemente? Sí, como previamente discutido, algunos teólogos históricos han afirmado que parecen haber indicios indicativos de trinita-rismo futuro en los capítulos 46 y 58. El capítulo 46 dice:

> ¿Acaso no tenemos (todos) un Dios y un Cristo? ¿Acaso no existe un Espíritu de gracia derramado sobre nosotros? ¿Y acaso no tenemos un llamado en Cristo? ¿Porqué dividimos y rasgamos en pedazos a los miembros de Cristo, y levantamos contienda en contra de nuestro propio cuerpo, y hemos alcanzado tales alturas de locura para olvidar que "somos miembros los unos de los otros"? Recuerde las palabras de nuestro Señor Jesucristo, como Él dijo: "¡Ay de aquel hombre por quien viene el tropiezo!"[23]

El lenguaje también es muy recordativo de muchos extractos de Pablo. Ésto no puede ser trinitarismo verdadero sino un reflejo de las Escrituras. Este pasaje en particular podría ser una alusión a la carta de Pablo para los efesios (4:4-6).[24] El otro clamor

---

[23] Éste y otros escritos se pueden encontrar en Schaff, *Early Church Fathers.*

[24] Ésta también es la opinión expresada por David Bernard, *Oneness and Trinity, AD 100-300: The Doctrine of God in Ancient Writing*

de trinitarismo futuro viene del capítulo 58:

Puesto que, mientras Dios viva, y mientras el Señor Jesucristo y el Espíritu Santo vivan,—tanto la fe como la esperanza de los escogidos, aquel que con humildad, con inmediata benignidad, y sin arrepentimiento se ha acatado a las ordenanzas y designaciones otorgadas por Dios—el mismo obtendrá un lugar y nombre entre el número de aquellos que están siendo salvos por medio de Jesucristo, por quien sea la gloria por los siglos de los siglos. Amén.[25]

Gregory Boyd, en su apoyo típico del trinitarismo, escribe que este pasaje "presupone el estado común del lenguaje Trinitario de su época..."[26] Ésta sería una declaración válida a no ser por el problema de interpolación. Se practicaba comúnmente durante la Edad Media. Las palabras antes mencionadas eran de la copia de 1056 (usada por Schaff).[27] La copia antigua de ésto, sin embargo, no contiene estas palabras. Podemos suponer con seguridad que Clemente no usó vocabulario trinitario.

(Hazelwood, Mo.: Word Aflame Press, 1991), 31.

[25] Schaff, *Early Church Fathers.*

[26] Gregory Boyd, *Oneness Pentecostals and the Trinity* (Grand Rapids: Baker Books, 1992), 149.

[27] Véase Bernard, ibid.

En una perspectiva histórica general, sabemos que la doctrina trinitaria no se había desarrollado lo suficiente de manera profunda para emplear popularmente el lenguaje antes mencionado. De hecho, ¡esta interpolación indica un intento en épocas posteriores para justificar la trinidad!

Ignacio (35-107 D.C.)

Ignacio, muy probablemente un discípulo de Juan,[28] ha sido bien documentado.[29] Es aun más

---

[28] Coxe, ibid., y Bernard, *Oneness and Trinity*, 32. Muchos piensan que Ignacio y Policarpo fueron discípulos de Juan. De ser así, esto es significativo. Ambos hombres usan el lenguaje "Unicitario" enfáticamente.

[29] Ignacio es conocido por sus siete (quizás trece) cartas a las iglesias. Tenemos versiones cortas, medianas y largas. Es obvio que las versiones posteriores fueron las que se cambiaron de acuerdo con las teologías posteriores de la trinidad. Por ejemplo, "Pásalo bien en Dios el Padre y en Jesucristo nuestra esperanza común" (Epístola a los Efesios, Cap. 21) se convierte en: "Pasadlo bien en Dios el Padre y el Señor Jesucristo, nuestra esperanza común, y en el Espíritu Santo." Eruditos tales como J.B. Lightfoot (*The Apostolic Fathers*) están de acuerdo que las interpolaciones son "anacrónicas"—claramente pertenecen a una

conocido por sus declaraciones "Unicitarias"—o de Dios en Cristo: "Puesto que nuestro Dios Jesucristo fue concebido por María según el plan de Dios."[30] En Cristo vemos "existente en la carne; vida verdadera en la muerte; tanto de María como de Dios."[31] "Puesto que nuestro Dios, Jesucristo, fue, según la designación de Dios, concebido en el vientre por María, de la descendencia de David."[32] Permítame ser un imitador de la pasión de Cristo, mi Dios."[33] "Glorifico a Dios, aun a Jesucristo."[34] A menudo se refiere a Cristo Jesús como "nuestro Dios encarnado y Dios manifestado como hombre."[35] En resumen de su teología, Pelikan escribe que Ignacio "alababa a lo Invisible, quien por amor a nosotros se volvió visible, el Impasible, quien se sometió al sufrimiento a causa de nosotros y por amor a nosotros lo soportó todo."[36] Otro historiador escribe que cuando Ignacio "habla sobre una salida de Cristo de Dios, se refiere a la "Encarnación y no algo previo."[37] El

---

época cuando la trinidad estaba más desarrollada.

[30] Kelly, *Doctrines*, 92.

[31] Ignacio, Epístola a los Efesios, capítulo 7.

[32] Ibid., capítulo 18.

[33] Ignacio, Epístola a los Romanos, capítulo 6.

[34] Ignacio, Epístola a los Esmirniotas, capítulo 1.

[35] Ibid.

[36] Pelikan, 177.

[37] Henry Pace, William Percy; *Dictionary of Christian Biography*.

énfasis de Ignacio sobre Dios en Cristo fue tan vigoroso que "muchos historiadores lo han llamado modalista."[38]

Ignacio creía que la encarnación produjo a Dios en la forma de hombre. Claramente defendió lo que más tarde se llamaría modalismo. Le dijo a su generación:

> "ni introduzcan una multiplicidad de dioses, ni aún nieguen a Cristo bajo la pretensión de (mantener) la unidad de Dios...Quienquiera, por lo tanto, declare que no hay más que un Dios, sólo a fin de quitar la divinidad de Cristo, es un diablo y un enemigo de toda justicia."[39]

Ignacio no estaba sólo. Ésta era la creencia popular. El célebre historiador Pelikan escribe:

> Tales alabanzas como "Dios ha nacido," "el Dios que sufre" o "el Dios muerto" se habían establecido a sí mismas en el uso irreflexivo de cristianos que hasta Tertuliano, por toda su hostilidad a las Monarquías, no evitaba hablar de esta manera.[40]

---

[38] Bernard, *Oneness and Trinity*, 32. Estoy consciente que este comentario viene de un escritor Unicitario, pero incluí esto por sus argumentos de apoyo.

[39] Ignacio, Epístola a los de Antioquía, capítulos 1, 5.

[40] Pelikan, ibid.

Además de eso, Pelikan escribe en palabras
fuertes. Pri-mero, dice:

El sermón sobreviviente más antiguo[41] de la
iglesia cristiana comienza con las palabras:
"Hermanos, debemos pensar en Jesucristo como
en Dios, como el juez del vivo y del muerto. Y no
debemos menospreciar nuestra salvación; puesto
que cuando lo menospreciamos a él, también
esperamos recibir poco."
Luego prosigue a decir que:

Claramente era el mensaje en el cual la iglesia
creía y enseñaba que "Dios" era un nombre adecuado
para Jesucristo.[42]

Ignacio además mantuvo firme la humanidad de
Cristo.[43] No tenemos problema con eso. En el caso de
Ignacio, entendemos que él estaba luchando contra el
problema contemporáneo del docetismo.[44] Pelikan hace

---

[41] Pelikan se refiere a la Segunda Epístola
de Clemente (de Roma).

[42] Pelikan, 173.

[43] González, 80.

[44] Ibid. El docetismo era la creencia que
el cuerpo físico de Jesús era una ilusión, como lo
fue Su crucifixión; o sea, Jesús sólo parecía tener
un cuerpo físico y morir físicamente.

un comentario interesante sobre ésto: "Sin embargo la mera existencia del docetismo es también un testimonio de la tenacidad de la convicción que Cristo tenía que ser Dios, aún a costa de su humanidad verdadera."[45] Pelikan, como se ha indicado en la bibliografía, es uno de los historiadores teológicos más destacados y respetados de quien se depende hoy en día. ¿Existe alguna objeción? Sí, algunos de los saludos de Ignacio en las cartas fueron "interpolados" con expresiones tales como "Dios el Padre y el Hijo Jesucristo y el Espíritu Santo." Los historiadores están de acuerdo que efectivamente estas son adiciones.[46]

En resumen, las teologías tanto de Clemente como de Ignacio eran unas las cuales claramente serían calificadas como "modalistas". Un segundo Dios preexistente no caminó por las costas de Galilea. La encarnación era claramente Dios manifestado en carne.[47]

---

[45] Pelikan, 174.

[46] Jim Smith, ThD (Universidad de Harvard), quien supervisó este estudio, escribió su tesis doctoral sobre este tema. Se puede sustentar más información, pero el hecho de interpolación es el acuerdo común.

[47] William Chalfant, comentarios no publicados. Fue lo suficientemente amable para revisar este manuscrito y hacer algunos comentarios. Él comenta aquí: "Para el trinitario, la Encarnación tuvo que producir una segunda persona divina y no al Dios Padre mismo. Luego

Policarpo (65-155 D.C.)

A menudo Policarpo es considerado el próximo apóstol después de Juan. En realidad, Policarpo nació después de Ignacio. No tenemos mucha literatura preservada de él. Aunque sí observamos que sus palabras famosas en su martirio fueron: "He servido a Cristo por ochenta y seis años y Él nunca me ha hecho algún mal. ¿Cómo puedo blasfemar a mi Rey quien me ha salvado?" Era "cristocéntrico" en su forma de pensar.

Fórmula bautismal

El aviso de la fórmula de palabras que acompañan al bautismo es esclarecedor. Es evidente que el bautismo en el nombre de Jesucristo (o una expresión similar), el cual debía haber comenzado "desde Jerusalén" (Lucas 24:47), efectivamente comenzó en esa ciudad en Hechos capítulo 2. Esta fórmula se repitió en Samaria (Hechos 8:16), Pedro lo "mandó" en Cesarea (Hechos 10:48) y de nuevo se usó por Pablo en Efesio (Hechos 19:5). Ananías le dijo a Pablo mísmo, en su conversión, que se bautizara, "invocando al nombre del Señor"—el Señor que acababa de conocer. No se ve ni un ejemplo en la

---

actualizaron su concepto de una segunda persona divina con su concepto de Dios al principio de dos personas divinas y más tarde tres personas divinas, llegando a pensamientos tales como 'unigénito eterno', como veremos más tarde en Orígenes."

historia de Hechos de la primera iglesia que repite las palabras trinitarias de Mateo 28:19 palabra por palabra.

El bautismo en el nombre de Jesús no sólo era el modelo de la primera iglesia (Hechos 2:38; 8:12; 10:48; 19:5; 22:16) sino fue el cumplimiento de Mateo 28:19. Mientras que Mateo registró que los apóstoles debían bautizar en el "nombre del Padre, y del Hijo, y del Espíritu Santo," Lucas escribió en un pasaje paralelo (Lucas 24:45-47, NVI) que Jesús "les abrió el entendimiento para que comprendieran las Escrituras" y de este modo "en su nombre se [predicaría] el arrepentimiento y el perdón de pecados...comenzando por Jerusalén."

El género y la ambientación son importantes para el entendimiento del texto. En el caso de Mateo 28, Jesús estaba dando el mandato de la gran comisión de bautizar y enseñar. Una vez más, observamos esto: Él también estaba abriendo su entendimiento de Su deidad y misión como el Mesías. Sin duda no intentaba promover una doctrina de una trinidad divina que consistía de personas coiguales y coeternas. Jesús dijo, "Yo" estaré con ustedes, no "nosotros".

No podemos encontrar ni un ejemplo del "nombre del Padre, y del Hijo, y del Espíritu Santo" en el Libro de Hechos. Después del Libro de Hechos, volvemos a la historia de la iglesia. Heick escribe que "al principio el bautismo se administró en el nombre de Jesús, pero gradualmente en el nombre de un Dios trino: Padre, Hijo y Espíritu Santo."[48] ¿Por qué cambió la fórmula bautismal?

_____

[48] Otto Heick, *A History of Christian Thought*, Vol. I (Philadelphia: Fortress Press,

Él nos brinda su explicación:

Desde [la época] de los cristianos primitivos había judíos que ya creían en un Dios, no era necesario que ellos reafirmaran esa fe. Lo esencial para ellos era confesar su fe en Jesucristo, de aquí vino el uso de la forma cristológica...Este cambio de la forma cristológica a la trinitaria se esperaba cuando los gentiles estaban entrando a la Iglesia.[49]

Otros trinitarios han usado esta lógica, incluyendo a Cipriano en el tercer siglo. Sin embargo, la explicación es problemática. Los nuevos convertidos de la casa de Cornelio en Cesarea no eran judíos, sino notablemente gentiles (Hechos 10). Aún así, Pedro "mandó bautizarles en el nombre del Señor Jesús" (Hechos 10:48). Según Heick, los cambios empezaron a ocurrir cerca de 130 hasta 140 D.C.[50] Muchos otros documentos apoyan al cambio del bautismo alrededor de este tiempo.[51] De

---

1965), 53.

[49] Heick, 87.

[50] Ibid.

[51] Word Aflame Press (Tract #1567226140) de la Iglesia Pentecostal Unida cita a la *Encyclopedia of Religion and Ethics* (1951), II, 384, 389; *Interpreter's Dictionary of the Bible* (1962), 1, 351; *Hastings' Dictionary of the Bible* (1898), I, 241; Williston Walker, *A History*

nuevo, al menos por cien años después de la resurección de Jesús, las palabras "en el nombre del Padre, y del Hijo, y del Espíritu Santo" no se encontraban en la fórmula bautismal sino más bien el "nombre de Jesucristo" o palabras similarmente usadas.

La cuestión del bautismo se podría tomar a la ligera al principio; no obstante, fue el punto de inflexión donde la trinidad tomó su raíz.[52] Aún hoy podemos leer sobre ministros modernos quienes han sido influenciados por el uso desarrollado de Mateo 28:19. Un predicador anuncia que: "el bautismo por

---

of the Christian Church (1947), 58; *The New Schaff-Herzog Encyclopedia of Religious Knowledge* (1957), I, 435; *Canney's Encyclopedia of Religions* (1970), 53; y *Encyclopedia Britannica*, 11th ed. (1910), II, 365. Todos éstos están de acuerdo con el comentario de Heick antes mencionado.

[52] La cuestión del bautismo perduraba en el cuarto siglo. El documento, "A Treatise on Rebaptism by an Anonymous Writer" habla del bautismo "en el nombre de Jesucristo nuestro Señor." (Véase Schaff, *Early Church Fathers.*) La controversia principal en este documento trata sobre el baustismo de aquellos quienes habían dejado la iglesia (bautismo) y luego regresaron. Aún así, se alude a la controversia de Mateo 28:19 contra Hechos 2:38 apoyando al nombre de Jesús. Mientras se desarrolló la cuestión de la trinidad, muchos tales como Tertuliano y Agustín se referían específicamente a Mateo 28:19 para apoyar sus perspectivas.

agua en el nombre de la Trinidad se ha practicado por la iglesia desde el principio."[53] Otro está de acuerdo y escribe: "La forma del bautismo, por lo tanto, siempre se ha entendido como un argumento irrefutable para la doctrina de la Trinidad, o que el Hijo y el Espíritu Santo son iguales con el Padre."[54]

La historia no puede apoyar estas declaraciones, ni tampoco la Palabra de Dios. Jesús estaba esclareciendo su entendimiento a Su deidad, no estaba explicando tres personas coiguales y coeternas. Algunos a través de los años han sido honestos con tales explicaciones trinitarias. Reflexionando sobre lo que se le enseñó acerca de las distinciones de las personas, Dwight L. Moody dice:

Si me pregunta si yo entiendo lo que se revela en las Escrituras, le diría "no". Pero mi fe se postra ante la Palabra inspirada y creo sin vacilar en las grandes cosas de Dios aún cuando se ciega la razón y se confunde el intelecto.[55]

¿Qué clase de fe es ésta? Es una fe que "confía" mas no una fe reveladora. La confianza está en los

---

[53] J. Vernon McGee en su comentario sobre Mateo 28:19.

[54] Albert Barnes, *Notes on the New Testament*, comentario sobre los versos antes mencionados.

[55] Dwight L. Moody, *Secret Power*.

que llamamos "Padres de la Iglesia". Es una fe que se oculta en las obras de los compositores trinitarios postapostólicos mas no en la palabra de Dios o en la iluminación de la verdad.

¿La "Enseñanza de los Apóstoles"?

Hasta ahora hemos aludido a tres predicadores muy conocidos después de Hechos. También hemos visto que la fórmula bautismal cambió. Eruditos e historiadores han apoyado la historicidad correcta del bautismo que cambió a la fórmula trinitaria en el segundo siglo. Si ha existido un debate sobre ésto en lo más mínimo, ha sido sobre el documento *Didache*, o "La enseñanza". El manuscrito también se ha llamado "La Enseñanza de los Apóstoles", dando a entender que los escritos en realidad los autorizaron los primeros apóstoles. La *Didache* expone que los convertidos debían ser bautizados en "agua corriente en el nombre del Padre y del Hijo y del Espíritu Santo."[56] Ésto por supuesto es trinitario y supuestamente de la época de los apóstoles. Sin embargo, es importante mencionar las dos razones por las cuales no podemos considerarlo.

Primeramente, la mayoría de los eruditos hoy no

---

[56] Kelly, *Creeds*, 66. Dos capítulos después, sin embargo, el autor desconocido habla de estos mismos convertidos como "aquellos que han sido bautizados en el nombre del Señor." Estamos tratando, sin embargo, con la primera cita de la *Didache*.

asignan fecha a este documento hasta muy después del primer siglo.[57] Además, según la *Encyclopedia of Religion and Ethics*, los eruditos generalmente datan la primera mención de la fórmula triple no a la *Didache* sino a Justino,[58] lo cual colocaría a "La Enseñanza" después de Justino, en algún tiempo al menos en el segundo siglo. En segundo lugar, para el segundo siglo era una práctica común interpolar los escritos supuestos para que concordaran con las teologías o creencias que se estaban formando. El historiador prominente J.N.D. Kelly escribe que las palabras "surgieron de la práctica de la iglesia con respecto a la fórmula en generaciones futuras."[59]

De nuevo, por dos razones no podemos usar la *Didache*: primeramente, las fechas no son realmente de la época de los apóstoles. En segundo lugar, parece

---

[57] Millard Erickson, por ejemplo, menciona que la *Didache* fue escrita en el segundo siglo. Sus hechos se consideran correctos por la mayoría de seminarios. (Mi-llard Erickson, *Contemporary Options in Eschatology*, Grand Rapids: Baker Book House, 1982: 128.) Jim Smith, un historiador respetado (profesor en las Universidades de San Diego y de Betel, editor de historia cristiana, etc.), está de acuerdo con él.

[58] Kirsopp Lake, "Baptism, Early Christian", *Encyclopedia of Religion and Ethics*, 2:389. (Citado por Bernard, *Oneness and Trinity*, 53).

[59] Ibid., 42.

que las palabras se interpolaron por aquellos que antedatan el trinitarismo. La doctrina de la trinidad no se desarrollaría hasta años después de los apóstoles y después de las fechas en las cuales se escribió la *Didache*.

Desarrollo Primera Parte:
Se Introduce la Nueva Doctrina

Finalmente llegamos al tema. Durante la época de los apologistas griegos (130-180 D.C.), descubrimos que se empieza a formular la nueva doctrina. Para entender esta época completamente, debemos entender un tanto las filosofías griegas subyacentes contra las cuales tuvo que luchar la cultura cristiana. Sócrates, Platón y Aristóteles (y Filón como contemporáneo de Jesús[60]) habían creado una base la cual era definitiva no sólo de Dios sino también de las propiedades creativas de la deidad. La idea griega de Dios era una de ser "trascendente" e "impasible".[61] Los griegos sentían que el Ser supremo era "demasiado majestuoso y santo como para tener comunicación con este mundo."[62] Richardson comenta que "tal perspectiva de Dios ataca la raíz de la doctrina cristiana de la Encarnación al negar la posibilidad de la condescendencia divina."[63] Olson y English describen la perspectiva griega de la impasibili-

---

[60] Richardson, 42. "Filón enseñó en Alejandría su doctrina del Logos mientras Jesús trabajaba en el taller carpintero en Nazaret."

[61] Ibid., 36.

[62] Ibid.

[63] Richardson, 37.

dad de Dios como *apthathei*—sin emoción. Señalan que este rasgo es "esencial a la naturaleza de Dios" en el pensamiento griego del primer siglo.[64]

Fue a causa de esta filosofía que los cristianos sintieron necesidad de responder "de manera apologética"—dando sentido a la cultura contemporánea. Richardson dice "la idea pagana de Dios como un ser totalmente impasible y trascendente hizo que su presencia se sintiera entre aquellos que se hacían llamar cristianos."[65] Adolf Harnack escribe:

> El Evangelio fue helenizado en el segundo siglo en tanto que los gnósticos de varias formas lo transformaron en una religión helenística para las personas cultas. Los apologistas (afirmaban) que el cristianismo era la realización de un teísmo moral absoluto. Esta transformación de la religión a un sistema filosófico no hubiera sido posible de no haber sido por la filosofía griega misma que ya estaba en el proceso de desarrollo a una religión.[66]

Más tarde continúa diciendo que la reacción

---

[64] Roger Olson y Adam English, *Pocket History of Theology* (Downers Grove, Ill.: InterVarsity Press, 2005), 29.

[65] Richardson, 61.

[66] Adolph Harnack, *History of Dogma*, Vol. III, trans. Neil Buchanan (Nueva York: Dover Publications, 1961), 174-175.

cristiana al pensamiento griego fue "un intento maravilloso para presentar el cristianismo al mundo como una religión la cual es la filosofía verdadera y como la filosofía de la religión verdadera."[67]

Otto Heick concide con él:

La teología de los apologistas es filosófica en su forma...El método, sin embargo, se convierte en algo peligroso. Durante el curso del tiempo el lenguaje inevitablemente afecta al contenido de su mensaje. En este sentido los apologistas dieron un mal ejemplo para las generaciones futuras.[68]

Heick tiene razón.

También Justo González está de acuerdo con esto:

El concepto de Dios el cual los apologistas tomaron de la filosofía helenística y el cual enfatizó la inmutabilidad divina sería una larga carga para la teología cristiana.[69]

Vergilus Ferm, PhD, director del Departamento

---

[67] Harnack, 177.

[68] Heick, 6.

[69] González, 122.

de Filosofía en la Universidad de Wooster, escribe que los "apologistas representaban, en general, a convertidos cristianos que no eran judíos que habían sido entrenados a pensar en términos helenísticos."[70]

Louis Berkhof también comenta sobre los filósofos cristianos de la época:

Se debe reconocer que ellos representaron al cristianismo en gran parte desde el punto de vista de la filosofía, que no discriminaron claramente entre la filosofía y la teología, y su representación de las verdades de revelación, y particularmente de la doctrina del Logos, padeció de una mezcla del pensamiento filosófico griego.[71]

Hemos citado a varios historiadores respetados. Se debe destacar en nuestras mentes: el desarrollo del pensamiento trinitario estaba indiscutible e indudablemente arraigado en el pensamiento griego. Aún así se ignoró descaradamente la advertencia de Pablo a la iglesia en Colosenses. Debido a la importancia de esto, veremos dos versiones de este pasaje.

---

[70] Vergilius Ferm, *A History of Philosophical Systems* (New York: The Philosophical Library, 1950), 145.

[71] Louis Berkhof, *The History of Christian Doctrines* (Carlisle, Penn.: The Banner of Truth, 1937), 60.

Mirad que nadie os engañe por medio de filosofías y huecas sutilezas, según las tradiciones de los hombres, conforme a los rudimentos del mundo, y no según Cristo. Porque en él habita corporalmente toda la plenitud de la Deidad (Colosenses 2:8-9, RVR 1960).

Cuídense de que nadie los cautive con la vana y engañosa filosofía que sigue tradiciones humanas, la que va de acuerdo con los principios de este mundo y no conforme a Cristo. Toda la plenitud de la divinidad habita en forma corporal en Cristo (NVI).

Pablo era notablemente cauteloso de la filosofía. Viviendo en el mundo grecorromano, no sólo conocía de los peligros de una era venidera donde la revelación de Dios en Cristo se contaminaría. Ahora nos dirigimos a la parte principal del problema.

El Logos

La palabra *Logos* efectivamente era bíblica, en particular en el primer capítulo del Evangelio de Juan. El Logos era con Dios y sin embargo era Dios. Es similar a nuestra palabra hablada. Si una persona habla su "palabra" es parte de ella misma. La palabra se puede aislar pero sólo para su perspectiva de función; no se separa del individuo. Los apologistas griegos[72] creían de diferente

---

[72] Como afirmamos, ésto incluyó a Filón,

manera. Primeramente, Dios no tenía la capacidad de [sentir] emoción y tener interrelación. Por consiguiente, creó el Logos que se encontraba separado de Él. Este Logos en realidad era preexistente a la encarnación de Belén. Veremos que ellos identificaron al Logos como el Hijo preexistente de Dios. Debido a la importancia de este desarrollo, brindamos primero los escritos de cinco historiadores muy conocidos:

> Los apologistas no tenían la noción bíblica del Logos, sino asemejando un tanto la de Filón... Dios produjo al Logos de Su propio ser y de este modo le dio a Él existencia personal...Se observaría en particular que el Logos de los apologistas, a distinción del Logos filosófico, tenía una personalidad independiente.[73]

> Los apologistas enseñaban que Dios creó al mundo por medio del Logos. Dios, siendo infinito y sin espacio, tenía necesidad del Logos como un ser mediador para tender un puente entre la brecha y el abismo entre Él y el mundo.[74]

---

un contemporáneo de Jesús (Bernard, *Oneness and Trinity*, 64).

[73] Berkhof, 58. De esta manera vemos la raíz del problema. Berkhof escribe que el Logos es independiente. ¿Qué tan "independiente" es su palabra de usted?

[74] Heick, 59.

El sistema filosófico que más influyó al desarrollo del pensamiento cristiano fue el estoicismo. Su doctrina del Logos, su tono moral elevado y su doctrina de ley natural logró una impresión profunda en el pensamiento cristiano.[75]

Al discutir la relación del Hijo al Padre, los apologistas introdujeron el término "Logos" del Evangelio de Juan. Sin embargo, a ésto se le acompañó el peligro de identificar el Logos de Juan con el de Filón.[76]

El Logos apareció como el angel del pacto y llegado el momento tomó nuestra naturaleza. Aunque Cristo y el Logos fueron identificados, el Cristo histórico fue empujado al fondo y quedó por entendido que el Hijo de Dios era el Logos preexistente.[77]

Aquí está el quid del problema. El Logos entonces se asoció al Hijo. De este modo el Hijo fue preexistente. Loofs escribe:

La transferencia del concepto "Hijo" al Cristo

---

[75] González, 50.

[76] Heick, 45. No solo se usó Juan 1, sino también Proverbios 8. Veremos más sobre ésto después.

[77] Heick, 61.

preexistente es el factor más significativo en la distorsión pluralística de la doctrina cristiana de Dios... El desa-rrollo de la doctrina [ahora incluía] la doctrina divina del papel del Hijo basado en la preexistencia.[78]

Es asombroso que escritores trinitarios admiten esta parte del desarrollo histórico. Sin embargo, los historiadores ven los problemas inherentes al desarrollo trinitario. El respetado historiador Berkhof escribe, "La doctrina del Logos de los apologistas *[sic]*...no dió satisfacción en general...La doctrina del Logos como una Persona divina por separada parecía poner en peligro la unidad de Dios, o el monoteísmo."[79] ¡Agradezco su honestidad!

La mayoría de ministros en la actualidad ignoran que la doctrina del papel del Hijo preexistente siquiera se hubiera desarrollado. Muchos lo aceptan como doctrina bíblica sin entender sus implicaciones y retos al monoteísmo bíblico.

El problema en Proverbios 8

Asombrosamente, han existido muchos teólogos anteriores (Justino, Tertuliano y Agustín por ejemplo)

---

[78] Loofs, *Nestoriana: Die Fragmente des Destorius*. (Halle, 1905), 314-315. Citado por Pelikan, 189.

[79] Berkhof, 77.

y en la actualidad quienes han malinterpretado extremadamente la "sabiduría" del capítulo 8 de Proverbios. Afirman que el Logos se convirtió en Cristo en algún momento antes de la encarnación en Belén y esto supuestamente se comprueba en Proverbios 8:22-31. Ésto ha sido un problema enorme. Por consiguiente, haremos una pausa aquí para examinar primero la Escritura:

> Jehová me poseía en el principio, Ya de antiguo, antes de sus obras. Eternamente tuve el principado, desde el principio, Antes de la tierra. Antes de los abismos fui engendrada; Antes que fuesen las fuentes de las muchas aguas. Antes que los montes fuesen formados, Antes de los collados, ya había sido yo engendrada; No había aún hecho la tierra, ni los campos, Ni el principio del polvo del mundo. Cuando formaba los cielos, allí estaba yo; Cuando trazaba el círculo sobre la faz del abismo; Cuando afirmaba los cielos arriba, Cuando afirmaba las fuentes del abismo; Cuando ponía al mar su estatuto, Para que las aguas no traspasasen su mandamiento; Cuando establecía los fundamentos de la tierra, Con él estaba yo ordenándolo todo, Y era su delicia de día en día, Teniendo solaz delante de él en todo tiempo. Me regocijo en la parte habitable de su tierra; Y mis delicias son con los hijos de los hombres.

El primer problema que experimentamos

con ésto es la palabra que conocemos en RVR 1960 como "poseía". La palabra original hebrea, *qanah*, fue traducida a la palabra griega *ktizo* en la Septuaginta (la version griega del Antiguo Testamento que se usó durante esa época.) Esto podría significar ya sea "poseía" o "engendró". El segundo significado se había escogido por aquellos quienes deseaban usar el pasaje para justificar la preexistencia de la segunda persona.

El segundo y más grave problema es la afirmación de qué o a quién señala la palabra "me". Pero está claro que la palabra "me" es la sabiduría en forma de una persona—lo cual se califica como personificación. En las próximas páginas, me gustaría dirigirme a la razón por la cual ésto tiene sentido. El problema con la interpretación griega es que ni Salomón ni los rabinos ni el sentido común indican que la segunda persona o Cristo es el que está hablando. Esta doctrina surgió después de que la doctrina de la trinidad empezara a desarrollarse. Es un caso típico de "eisegesis"—el leer un significado no intencionado en el texto.

Vamos a examinar el tema de la "sabiduría" en el Libro de Proverbios. Salomón usó la palabra cincuenta y cuatro veces. Sus primeras menciones son cuatro veces en el primer capítulo. En la mitad del capítulo de Proverbios 1:20-33, encontramos estas palabras:

> La sabiduría clama en las calles, Alza su voz en las plazas; Clama en los principales lugares de reunión; En las entradas de las puertas de la ciudad dice sus razones. ¿Hasta cuándo, oh simples, amaréis la simpleza,Y los burladores

desearán el burlar, Y los insensatos aborrecerán la ciencia? Volveos a mi reprensión; He aquí yo derramaré mi espíritu sobre vosotros, Y os haré saber mis palabras. Por cuanto llamé, y no quisisteis oír, Extendí mi mano, y no hubo quien atendiese, Sino que desechasteis todo consejo mío Y mi reprensión no quisisteis, También yo me reiré en vuestra calamidad, Y me burlaré cuando os viniere lo que teméis; Cuando viniere como una destrucción lo que teméis,Y vuestra calamidad llegare como un torbellino; Cuando sobre vosotros viniere tribulación y angustia. Entonces me llamarán, y no responderé; Me buscarán de mañana, y no me hallarán. Por cuanto aborrecieron la sabiduría, Y no escogieron el temor de Jehová, Ni quisieron mi consejo, Y menospreciaron toda reprensión mía, Comerán del fruto de su camino, Y serán hastiados de sus propios consejos. Porque el desvío de los ignorantes los matará, Y la prosperidad de los necios los echará a perder; Mas el que me oyere, habitará confiadamente Y vivirá tranquilo, sin temor del mal.

Primeramente, leemos que la sabiduría está "clamando". Luego, observamos que la sabiduría (*Sophia* en la versión griega) está en el género femenino. ¿Es entonces el Hijo una "ella"? Tanto Clemente de Alejandría[80] como Orígenes notan ésto:

---

[80] Clemente escribió, "El Padre, al amar,

Porque no hay que pensar que, por ser femenino el nombre de la sabiduría y la justicia, lo son también en su sustancia estas virtudes, que, según nuestra creencia, se identifican con el Hijo de Dios, como nos lo demostró su discípulo genuino, que dice sobre el mismo: "El cual se hizo para nosotros, de parte de Dios, sabiduría y justicia y santificación y redención."[81]

Proverbios 3:13-18 habla similarmente de la sabiduría:

Bienaventurado el hombre que halla la sabiduría, Y que obtiene la inteligencia; Porque su ganancia es mejor que la ganancia de la plata, Y sus frutos más que el oro fino. Más preciosa es que las piedras preciosas; Y todo lo que puedes desear, no se puede comparar a ella. Largura de días está en su mano derecha; En su izquierda, riquezas y honra. Sus caminos son caminos deleitosos, Y todas sus veredas paz. Ella es árbol de vida a los que de ella echan mano, Y bienaventurados son los que

---

se convirtió en 'femenino'. La gran prueba de ésto es aquel a quien engendró de Él mismo." Se puede suponer que se está refiriendo a Proverbios 8:22. (David Bercot, editor, *A Dictionary of Early Christian Beliefs* [Peabody, Mass.: Hendrickson Publishers, 1998], 101.)

[81] *Origen against Celsus*, Libro V, capítulo 39.

la retienen.

De nuevo, se personifica a la sabiduría en femenino. El próximo capítulo, Proverbios 4:6-9, de nuevo habla de la sabiduría, diciendo, "No la dejes. Amala. Engrandécela. Ella te engrandecerá. Ella te honrará." Proverbios 7:4 dice: "Di a la sabiduría: Tú eres mi hermana, Y a la inteligencia llama parienta."

Mas no es sólo cuestión del género. Ese no puede ser el asunto primordial. Quizás, con el beneficio de la duda, Orígenes tendría razón en que el cambio de género no importa. (Sin embargo, su mentor, Clemente, no tiene un punto de vista sólido. ¡Véase la nota de pie de página!) Pero, lo más importante es, ¿qué está haciendo la sabiduría? Ella está levantando su voz en Proverbios 8:4-19:

Oh hombres, a vosotros clamo; Dirijo mi voz a los hijos de los hombres. Entended, oh simples, discreción; Y vosotros, necios, entrad en cordura. Oíd, porque hablaré cosas excelentes, Y abriré mis labios para cosas rectas. Porque mi boca hablará verdad, Y la impiedad abominan mis labios. Justas son todas las razones de mi boca; No hay en ellas cosa perversa ni torcida. Todas ellas son rectas al que entiende, Y razonables a los que han hallado sabiduría. Recibid mi enseñanza, y no plata; Y ciencia antes que el oro escogido. Porque mejor es la sabiduría que las piedras preciosas; Y todo cuanto se puede desear, no es de compararse con ella. Yo, la sabiduría, habito con la cordura, Y hallo la ciencia de los consejos. El temor de Jehová es aborrecer el mal; La soberbia y la arrogancia, el mal camino, Y la boca perversa, aborrezco. Conmigo está el consejo y el buen juicio; Yo soy la inteligencia; mío es el poder. Por mí reinan los reyes, Y los príncipes determinan justicia. Por mí dominan los príncipes, Y todos los gobernadores juzgan la tierra. Yo amo a los que me aman, Y me hallan los que temprano me buscan. Las riquezas y la honra están conmigo; Riquezas duraderas, y justicia. Mejor es mi fruto que el oro.

Debería ser obvio que ésto es una personificación de la sabiduría. Podemos añadir a nuestro entendimiento de ésto al notar que otros escritos judíos son similares. Eclesiástico 24 (esto no fue parte del canon mas aún es parte de la literatura hebrea) dice:

La Sabiduría se gloría en medio de su pueblo, abre la boca en la asamblea del Altísimo y se gloría delante de su Poder: "Yo salí de la boca del Altísimo y cubrí la tie-rra como una neblina. Levanté mi carpa en las alturas, Yo sola recorrí el circuito del cielo y anduve por la profundidad de los abismos. Sobre las olas del mar y sobre toda la tierra. Él me creó antes de los siglos, desde el principio, y por todos los siglos no dejaré de existir."

Debe ser obvio que Proverbios 8:22 no está

hablando de Cristo. Una vez más, la doctrina de una segunda persona preexistente no estaba en la mente de Salomón. Aún así, los que apoyan a la doctrina trinitaria miran hacia atrás a Proverbios 8 para apoyar la preexistencia de Cristo.

Adam Clarke, un teólogo muy conocido de a fines del siglo dieciocho y principios del siglo diecinueve, quien escribió su tomo el cual se convirtió en el comentario principal para la iglesia metodista por docientos años, está completamente de acuerdo en que este pasaje no hace referencia a Cristo. En su comentario, él escribe:

> He repasado este capítulo magnífico. Estoy plenamente satisfecho en que no habla ni una palabra ya sea de la naturaleza Divina o humana de Cristo. Estoy del todo convencido que, de no haber un credo preconcebido, ni un alma del hombre, por crítica justa, jamás hubiera descubierto esa opinión.
>
> La sóla PALABRA de Dios contiene mi credo. En varias cuestiones puedo dirigirme a los padres griegos y latinos de la iglesia, para saber lo que ellos creían y lo que creían las personas de sus comuniones respectivas; pero...he quedado atónito con la lectura de algunas cosas que se han escrito sobre[este] tema.
>
> No puedo creer su doctrina; nunca lo hice; espero nunca hacerlo.[82]

---

[82] Adam Clarke, *Commentary of the Bible* (CD-Rom: Waco, Texas: Epiphany Software,

Bien dicho, Sr. Clarke. Cuando comentó sobre Proverbios 9 ("La sabiduría edificó su casa..."), escribió correctamente que este capítulo es una "continuación a la parábola que se comenzó en el capítulo anterior, donde la sabiduría se representa como una dama venerable."[83]

Esto debería ser suficiente para nosotros. Es asombroso que tantos ministros han adoptado las enseñanzas erróneas que surgieron en la era patrística, puesto que Cristo no era la sabiduría personificada de Proverbios.

Justino Mártir (100-165 D.C.)

Sin duda alguna, Justino, por nombre completo Flavio Justino, es el escritor más representativo del comienzo de la fusión de la filosofía griega con revelación cristiana.[84] Justino no había sido ordenado oficialmente, sino era un maestro y escritor popular. Fue filósofo antes de su conversión al cristianismo y continuó llevando su manto.[85] Justino Mártir "comenzó la tarea seria de...

2006), Proverbios 8.

[83] Ibid., Proverbios 9.

[84] Otros contribuidores muy conocidos en esta era son Taitano y Teófilo de Antioquía. El último usó un tipo de trinidad (Dios, Logos y sabiduría) el cual no era tan detallado como teorías posteriores.

[85] Roger Olson y Adam English, *Pocket History of Theology* (Downers Grove, Ill.: InterVarsity Press, 2005), 15.

hacer que la religión pareciera respetable a los griegos al abrazar su filosofía actual."[86]

Justino combinó su fe cristiana con filosofía, particularmente con respecto al Logos. Fue por él que, como señala Grillmeier, la "doctrina del Logos [tenía] un nuevo contrato de vida."[87] En las palabras de Olson y English, el "exploró y explicó el concepto de Cristo como el Logos de Dios para poder explicar las creencias cristianas."

Donald McKim escribe:

> (Mártir) usa lenguaje bíblico y filosófico para describir a Dios. Adopta al *Logos* griego como una forma de explicar cómo se unió el gran abismo entre Dios y la humanidad...en Jesucristo, el Logos divino "tomó forma y se convirtió en hombre."... Jesús como el Logos es distinto al Padre no sólo en nombre sino también en número."[88]

A menudo Justino es citado en su teología "distinta numéricamente". En *Second Apology*, escribe:

---

[86] Ferm, ibid.

[87] Aloys Grillmeier, *Christ in the Christian Tradition*, Vol. I (New York: Sheed and Ward, 1964), 126.

[88] Donald K. McKim, *Theological Turning Points: Major Issues in Christian Thought* (Atlanta: John Knox Press, 1988), 9.

Y para que no cambie la [fuerza de las] palabras apenas citadas, y repita lo que sus maestros afirman,—ya sea que Dios se dijo a sí mismo, 'Hagamos' tal como nosotros, cuando estamos a punto de hacer algo, a menudo nos decimos 'Hagamos;' o que Dios habló a los elementos, es decir, a la tierra y otras sustancias similares de las cuales creemos que el hombre se formó, 'Hagamos,'—citaré de nuevo las palabras narradas por Moisés mismo, de las cuales podemos aprender indiscutiblemente que [Dios] conversó con alguien quien era distinto numéricamente de Sí mismo y además un Ser racional.[89]

Justino usó Génesis 1:26 ("Hagamos") como apoyo al Hijo/Palabra como "otro Dios".[90] También se usaron Génesis 3:22 y 19:24 ("Jehová hizo llover... fuego de parte de Jehová") para indicar que habían "dos en número".[91]La filosofía griega, en su opinión, era compatible con las Escrituras. Kelly dice que era "aparentemente su creencia sincera que los pensadores griegos tenían acceso a las obras de Moisés."[92]

Aunque la Palabra (Hijo) aún estaba subordinada

---

[89] Justino, *Second Apology*, Chapter 62, Schaff, *Early Church Fathers.*

[90] Citado por Bernard, *Oneness and Trinity*, 67. Justino, *Dialogue with Tryhpho, a Jew.*

[91] *Dialogue*, 62 y 126.

[92] Kelly, *Doctrines*, 84.

y todavía no era "coigual" como en desarrollos posteriores, se había sentado bien la base para más diferenciación de "personas" en la trinidad.

La nueva doctrina se había introducido.

Desarrollo Segunda Parte:
Se Establece la Nueva Doctrina

Muchos historiadores tales como Ferm agrupan a cuatro nombres como los "Padres antignósticos."[93] Ireneo y Tertuliano estaban en el Occidente, Clemente y Orígenes en el Oriente.[94] Bernard correctamente divide esta era de mejor manera en tres categorías: Asia Menor, (Ireneo e Hipólito), África del Norte (Tertuliano y Cipriano) y Alejandría (Clemente y Orígenes).[95] Este estudio examinará a Ireneo, Tertuliano, Clemente y Orígenes. Luego se definirá y examinará brevemente la teología del modalismo.

Ireneo **(130-202 D.C.)**

Muchos historiadores se refieren a este Obispo de Lyon (Francia) como el primer teólogo postapostólico

---

[93] Chalfant propone: "Los padres antignósticos realmente no son tan antignósticos aparte de su supuesta oposición profesada a los gnósticos marginados de su día."

[94] Ferm, 146.

[95] David Bernard, *A History of Christian Doctrine, The Post-Apostolic Age to the Middle Ages, AD 100-1500*, Vol. I (Hazelwood, Mo.: Word Aflame Press, 1995), 63-86.

53

debido a su postura "contra herejías."[96] Puede que Policarpo lo haya influenciado, aunque es dudable que se pueda afirmar que Ireneo fue realmente su discípulo. Su teología no se basó en la de Justino, aunque sí leyó sus libros.[97] Cuando Ireneo habló acerca del Logos, no definió al término como una segunda "persona".[98] El Logos estaba con Dios mas sólo en la mente de Dios.

Por otro lado, Ireneo sí habló de la preexistencia del Hijo:

> Pero el Hijo, coexistiendo eternamente con el Padre, desde la antigüedad, desde la Creación, siempre revela al Padre a los Ángeles, Arcángeles, Potestades, Virtudes y todo aquello a quien Él quiera que Dios sea revelado.[99]

Su perspectiva de la Encarnación (llamándole "recapitulación") tomó la vanguardia de sus creencias y enseñanzas:

> La encarnación se convirtió para Ireneo, en la clave para toda la historia de la redención y para

---

[96] Éste es el nombre de su obra más conocida. Está en propiedad pública y puede ser accesible fácilmente por Internet.

[97] Bernard, *Oneness and Trinity*, 93.

[98] Ibid., 95.

[99] Ireneo, *Against Heresies*, Ch. 30, #9. Schaff, *Early Church Fathers*.

la salvación personal. La encarnación misma es transformante, puesto que empezó un proceso de invertir la corrupción del pecado que resulta en marginación de Dios y la muerte.[100]

Ireneo, según la literatura que tenemos, a veces usaba una clase de bautismo triple ("Hemos recibido el bautismo para la remisión de pecados en el nombre de Dios el Padre, y en el nombre de Jesucristo, el Hijo de Dios, quien encarnó y murió y resucitó, y en el Espíritu Santo."[101]) pero también citaba a Hechos 2:38 para enseñar que "los creyentes son bautizados en Jesucristo para la remisión de pecados."[102] No existe indicación alguna, sin embargo, que enfatizó el nombre de Jesús en cuanto a la fórmula triada (o a su realización).

La teología de Ireneo era que "una vez que se haya completado todo y la misión de Cristo se haya cumplido, la posición especial de Cristo en la economía de la Trinidad cesará."[103] Ésto refleja a 1 Corintios 15:24. Parte de su lenguaje empezó a indicar tres cargos de Dios, mas la palabra "trinidad" aún quedaba por aparecer.

En resumen, Ireneo adopta una posición en

---

[100] Olson, 18.

[101] Ireneo, *Demonstration of Apostolic Preaching*, 3, Schaff, *Early Church Fathers*.

[102] Ireneo, *Against Heresies*, III, Ch. 12:2,4,7, Schaff *Early Church Fathers*.

[103] Heick, 109.

medio de la cristología de la edad previa y del trinitarismo de Tertuliano que se desarrollaría en la próxima era. Efectivamente, varios pasajes son indicativos del movimiento creciente de la doctrina trinitaria:

Aquí [la Escritura] nos presenta al Padre dirigiéndose al Hijo; Él quien le dió la herencia de las naciones y sujetó a Él todos Sus enemigos. Ya que, por lo tanto, el Padre realmente es Señor, y el Hijo realmente Señor, y el Espíritu Santo los ha designado adecuadamente con el título de Señor. Y de nuevo, refiriéndose a la des-trucción de los sodomitas, la Escritura dice,"Entonces Jehová hizo llover sobre Sodoma y sobre Gomorra azufre y fuego de parte de Jehová desde los cielos." Puesto que aquí señala que el Hijo, quien también había estado hablando con Abraham, había recibido poder para juzgar a los sodomitas por su maldad. Y ésto [el texto que sigue] declara la misma verdad. "Tu trono, Oh Dios, es eterno y para siempre; Cetro de justicia es el cetro de tu reino. Has amado la justicia, y aborrecido la maldad, Por lo cual te ungió Dios, el Dios tuyo." Puesto que el Espíritu Santo designa a ambos [de ellos] por el nombre, de Dios—tanto Él quien es ungido como el Hijo, y Él quien unge, o sea, el Padre.[104]

---

[104] Ireneo, *Against Heresies*, III, Ch. 3, 6, Schaff, *Early Church Fathers*. Las palabras en corchetes, por supuesto, son resúmenes de

Tertuliano (160-220 D.C.)

Tertuliano, un abogado y luego presbítero de Cartago, África del Norte, juega el papel más importante en este rompecabezas. Comúnmente es considerado el "padre" del concepto y la palabra "trinidad." Habló acerca de las *trinitas* ("trinidad" en Latín) como *personae*, o personas "distintas". Como los apologistas griegos, dijo que el Verbo era inherente a Dios. Sin embargo, también dijo que Cristo se convirtió en una persona distinta en cierto momento (antes del milagro en Belén). Éste fue un concepto en vías de desarrollo como escribe Berkhof:

> Tertuliano toma su punto de partida en la doctrina del Logos, pero lo desarrolla de una manera que se convirtió en algo significativo históricamente... El Logos es...una Persona independiente...Hubo un tiempo cuando no existió.[105] ...Él extendió la doctrina del Logos a la doctrina de la Trinidad.[106]

Es conocimiento común que Tertuliano no identificó a las personas como coiguales y coexistentes

---

frases condensadas. Parte de su teología parece ser correcta, pero el Hijo preexistente como el juez de Sodoma no es bíblico.

[105] Este comentario antedata a Arrio, quien fue conocido más tarde por este dicho que fue parte de su "canto".

[106] Berkhof, 65.

pero enseñó que el Hijo estaba subordinado al Padre.[107] En *Against Hermonogenes* escribió contra la coigualdad del Hijo y el Padre.

> Él no pudo haber sido el Señor de una sustancia la cual era coigual con Él mismo. (Capítulo 9)

> Ninguna sola cosa es el (reflejo) exacto de otra cosa; es decir, no es coigual. (Capítulo 40)

> En otros capítulos del mismo documento, ¡Tertuliano debatía en contra de la coeternidad!

> ¿Qué Dios, entonces, es Aquel que me sujeta a un poder contemporáneo y coeterno? (Capítulo 7)

> Aquello lo cual es eterno no puede admitir diminución y subjeción para ser considerado inferior a otro Ser coeterno. (Capítulo 15)

El concepto de Tertuliano de "subordinacionismo" se considera hoy por los trinitarios como algo herético. Ésto es asombroso. Aquí tenemos a un "padre" venerado de la gran doctrina católica cristiana de la Deidad, ¡cuyo concepto ahora se considera falso! En lo que concierne el bautismo, usó notablemente Mateo 28:19, "en el Padre, el Hijo, y el Espíritu Santo—no en un Dios

---

[107] Berkhof, 63.

unipersonal."[108] Tertuliano bautizó, sin embargo, tres veces—¡una por cada "persona"![109]

Es interesante que Tertuliano dijo que rechazó la mezcla de la filosofía griega con la teología cristiana.[110] (Su pregunta famosa era: "¿Qué tiene que ver Atenas con Jerusalén?" En otras palabras, ¿por qué hemos de mezclar la filosofía carnal con la revelación sobrenatural?) Según sus declaraciones, la diferenciación de las personas no se extrae del pensamiento griego sino de las Escrituras. Sin embargo, a pesar de las protestas de Tertuliano en contra de la filosofía, la mayoría de historiadores lo debaten. Kelly declara asombrosamente que Tertuliano "seguía a los apologistas" en vez de a las Escrituras al datar al Hijo antes de la natividad.[111]

El tratado más reconocido de Tertuliano es *Against Praxeas*,[112] en el cual lucha contra el monarquianismo

---

[108] David Bercot, ed., *A Dictionary of Early Christian Beliefs* (Peabody, Mass.: Hendrickson Publishers, 1998), 57.

[109] Kelly, *Creeds*, 45. Kelly informa lo antes mencionado y luego agrega: "La única conclusión a la cual puede llegar un crítico imparcial es que Tertuliano no sabía nada sobre un credo declarativo usado en el bautismo." Sin embargo, parece que Bercot (el antedicho) piensa que este bautismo fue una contradicción directa al bautismo en el nombre de Jesús.

[110] Olson y English, 20-21.

[111] Kelly, *Doctrines*, 112.

[112] Los historiadores no están seguros si

modalístico, el cual era similar a la Unicidad.

Tertuliano claramente argumenta a favor de la preexistencia del Hijo:

> Es el Hijo, por lo tanto, quien desde el principio administró juicio, tirando la torre altiva, y dividiendo las lenguas, castigando a todo el mundo por medio de la violencia de las aguas, haciendo llover sobre Sodoma y Gomorra fuego y azufre, como Jehová de parte de Jehová. Porque Él fue quien en todo momento descendía para conversar con los hombres, desde Adán hasta los patriarcas y profetas, en visiones, en sueños, en espejo, en dichos profundos, desde el principio sentando la base del curso de Sus dispensaciones, las cuales Él se propuso seguir hasta el final. De este modo siempre aprendía aún como Dios a conversar con los hombres sobre la tierra, siendo ninguno otro más que el Verbo el cual tenía que ser hecho carne.[113]

él estaba escribiendo en contra de una persona llamada Práxeas o si estaba usando el nombre Práxeas para representar el significado de "entrometido". Sospecho que era el anterior debido al tono personal y polémico de Tertuliano en el documento.

[113] Ibid., capítulo 16. Este escrito se compuso para "comprobar" el caso contra los modalistas—"mostrando" que Dios tuvo un Hijo por separado en el Antiguo Testamento.

Los medios de prueba de Tertuliano son absurdos, aunque no fue el único trinitario que usó Génesis 19:24 como sustentación.[114] Durante el tiempo de este escrito, Tertuliano ya había dejado la "corriente dominante" de la iglesia "católica" (esta palabra originalmente significaba "universal") para unirse a los montanistas, probablemente en 207 D.C.[115] Es asombroso. De nuevo, declaramos ésto: Aquí tenemos a un "padre fundador" quien no formó parte de la iglesia principal y cuyas

---

[114] Previamente, Justino, Ireneo y más tarde Novaciano y Atanasio usaron Génesis 19:24. Finis Dake en su comentario sobre Génesis 19:24 a principios del siglo veinte también escribió: "Éste es un ejemplo claro de más de un Jehová. Un Jehová en la tierra hizo llover fuego y azufre de parte de otro Jehová en el cielo." Llegó hasta a decir que habían "dos Jehovás" (Comentario sobre Isaías 40:3, refiriéndose al pasaje de Génesis 19:24).

Adam Clarke señala que "muchos de los padres primitivos y varios divinos modernos" señalaban a dos personas en Génesis 19:24 pero comenta que el pasaje ciertamente no es prueba. Clarke, más tarde en sus comentarios sobre Colosenses 1:16-17, escribió: "Es imposible que puedan existir dos más Omnipotentes, Infinitos o Eternos. El texto dice que todas las cosas POR y PARA Él fueron hechas, lo cual es una demostración que el apóstol entendió que Jesucristo era Dios verdadera y esencialmente.

[115] González, 180.

doctrinas aún son cuestionadas. Sin embargo, su influencia en la trinidad se había establecido firmemente.

Clemente de Alejandría (150-215 D.C.)

En el "lado opuesto,"[116] tanto geográfica como teológicamente, encontramos a Clemente en la escuela de Alejandría. La escuela de Alejandría era el centro del cristianismo escolástico en el Oriente. Fue dirigida primero por Clemente en 190 D.C. y luego por Orígenes en 202 D.C.[117] La escuela, influenciada descaradamente por la filosofía platónica, buscaba descubrir significados alegóricos en las Escrituras.[118] Kelly comenta:

En el Oriente donde el clima intelectual se impregnó con las ideas neoplatónicas sobre la jerarquía del ser, se había establecido un enfoque totalmente diferente[119] y declaradamente

---

[116] Olson y English, 19. En otras palabras, el Oriente usaba la filosofía libre y admitidamente.

[117] Stanley J. Grenz, David Guetzki y Cherith Fee Nordling, *Pocket Dictionary of Theological Terms*, (Downers Grove, Ill.: InterVarsity Press, 1999), 8.

[118] Irónicamente, sin embargo, Orígenes tomó la Escritura (Mateo 19:12) literalmente ¡y se castró a sí mismo!

[119] La palabra de Kelly "diferente" compara el enfoque más monárquico del Oriente con el del Occidente.

pluralístico.[120]

Ferm escribe que Clemente era un "cristiano platónico, con un énfasis considerable en la doctrina del logos."[121] González escribe que el "judaísmo helenístico que siguió en la tradición de Filón" se encontró tanto en Clemente como en Orígenes.[122] Aunque Clemente declaró que él creía que las Escrituras son inspiradas por Dios,[123] también admitió ser un "estudiante aplicado de Platón, Pitágoras, Zenón y Aristóteles"[124] y explicó a Cristo en términos del Logos[125] tal como lo hizo Justino.

Clemente "da por sentada la preexistencia de Cristo antes de la encarnación,"[126] no como Dios, sino "como todas las demás almas."[127] "Esta alma llena del Logos, asumió un cuerpo, e incluso este cuerpo fue penetrado y 'divinizado' por el Logos."[128] Ésto podría significar que Jesús no era humano y era un ser divino

---

[120] Kelly, *Doctrines*, 136. ¿Acaso Kelly está admitiendo un error al usar la palabra "declaradamente"?

[121] Ferm, 150.

[122] González, 193.

[123] Ibid., 199.

[124] Richardson, 43.

[125] Ibid.

[126] Ibid.

[127] Berkhof, 73.

[128] Ibid.

que se manifestó al mundo. Ésto alude al docetismo,[129] una teología cristológica la cual "no evitó del todo."[130] En resumen, Clemente no tenía problema al igualar a Cristo con el Logos preexistente, aunque se basó en la filosofía griega.

Orígenes (185-254 D.C.)

Orígenes tuvo una influencia aun mayor y más perdurable en Alejandría que Clemente. Él "desarrolló un sistema de filosofía cristiana en gran escala."[131] "Aprendió la filosofía platónica y se propuso unir a la fe cristiana con ella."[132] No tuvo objeción al combinar las Escrituras con la filosofía. Por ejemplo, él sentía que el pasaje de santo tres veces en el sexto capítulo de Isaías era para "inspirar a las generaciones de teólogos griegos."[133] "Terminó aceptando y enseñando inconscientemente algunas de las ideas que parecen ser más consistentes con la filosofía y cultura pagana que con las enseñanzas de Moisés, Pablo y los otros apóstoles."[134]

Su enseñanza sobre la preexistencia del alma[135] es

---

[129] El docetismo creía que el cuerpo de Cristo era sólo una ilusión.

[130] Berkhof, ibid.

[131] Ferm, 150.

[132] Ibid.

[133] Kelly, *Doctrines*, 131.

[134] Olson y English, 26.

[135] Berkhof, 73.

extraordinaria. El alma de una persona se formó antes de que se formara el cuerpo.[136] Los espíritus caídos, quienes originalmente eran coiguales y coeternos unos con los otros, más tarde se convirtieron en almas y fueron vestidas con cuerpos.[137] Puesto que toda persona ya había sido formada antes de su nacimiento, quizás vemos de dónde surgió la idea de la preexistencia de Cristo. Sin embargo, en su teoría Cristo no es sólo un hombre sino una deidad.

Según Heick, Orígenes fue el primer escritor[138] en enseñar claramente la trinidad eterna de las personas. Enseñó que el Logos era una persona "de toda la eternidad."[139] Kelly dice que la "estructura subyacente del pensamiento se prestó sin lugar a dudas del platonismo contemporáneo," particularmente en sus ideas paralelas del mundo de seres espirituales coeternos.[140] Sin embargo, la pregunta surgiría: ¿Cómo puede el Hijo ser un "hijo" si hubo un Padre que no existió antes de Él?

Orígenes propuso esta respuesta: el Hijo fue "engendrado eternamente." Prosiguió a explicar, "Su

---

[136] Bercot, 489.

[137] Ibid.

[138] Bernard, *Oneness and Trinity*, 112. Aunque Bernard sugiere ésto, Heick piensa que su enseñanza estaba "inconscientemente a un paso hacia la coeternidad y coigualdad de las personas de la Trinidad." (Heick, 146.)

[139] Heick, 146.

[140] Kelly, *Doctrines*, 131.

65

generación es tan eterna y perpetua como el brillo producido por el Sol."[141] Además, "El Padre no engendró al Hijo y lo liberó después de engendrarlo, sino siempre lo está engendrando."[142] Con esta teoría de la generación eterna, Orígenes pudo subordinar a Cristo/el Logos y hacer que aún existiera por toda la eternidad.[143] Ésto no tiene sentido, sin embargo, a la lógica; en las palabras del comentarista de la Biblia, Adam Clarke, es una contradicción propia.[144] Años más tarde, Barton Stone (del avivamiento en Cane Ridge en 1801) escribiría que efectivamente es un ¡misterio "incomprensible"![145]

La historia del dogma ahora se apoyaría más en Orígenes que en Clemente.[146] Harnack observa que esta nueva teología "porta huellas inconfundibles del neoplatonismo y gnosticismo" y "especula a la manera de Justino."[147] La mayoría de historiadores tales como Pelikan consideran a Orígenes como el primer

---

[141] Orígenes, *De Principiis*, 1, 2, 4, Schaff, *Early Church Fathers*.

[142] Ibid.

[143] Richardson, 44.

[144] Tendremos más sobre sus comentarios en la se-cción sobre la preexistencia de Cristo.

[145] Barton Stone, *The Biography of Eld. Barton Stone, Written by Himself* (New York: Arno Press, 1847), 13.

[146] Harnack, 331.

[147] Ibid.

desarrollador de la doctrina del Logos-es-igual-al-Hijo.[148] Al mismo tiempo, la subordinación aún tomaba parte en el papel del Hijo.[149] Ésto puede parecer confuso, pero el Hijo "engendrado eternamente" aún era el Hijo en su papel hacia el Padre.

Orígenes podría hablar del Hijo tanto como la creatura del Padre y de este modo subordinado al Padre, mientras también decía que el Padre y el Hijo son de la misma substancia. "El Hijo...se describe como un 'Dios secundario' a quien no se le debe dirigir en oración...Mientras indica las diferencias entre los miembros de la Trinidad, no es tan claro en cuanto a cómo se unen."[150]

Chalfant señala, "Ésto 'eternizó' al 'Dios Hijo' subordinado por medio de su engendramiento, aunque teólogos trinitarios posteriores trataron de igualar al Hijo dogmáticamente."[151] Habían ambigüedades obvias en Orígenes. "Él tanto aclaró como enlodó las aguas de la enseñanza cristiana, para que décadas después de su muerte su legado inquietante...estallara en la controversia más grande en la historia de la teología cristiana."[152] Antes que lleguemos a esta "erupción,"

---

[148] Pelikan, 191.

[149] Ibid.

[150] McKim, 13.

[151] Chalfant, ibid.

[152] La teología de Orígenes eventualmente fue condenada como herética en el Segundo Concilio de Cons-tantinopla en 553 D.C.

examinaremos una "reacción" teológica.[153]

El modalismo

Dos teologías caen bajo la sombra general del monarquianismo. El monarquianismo dinámico defendía al monarca, o monado, o la unidad de Dios, pero negaba la deidad de Cristo. Propuso una clase de "adopcionismo"[154]—Cristo fue adoptado cuando el Espíritu cayó sobre Él en su bautismo. El proponente más digno de nombrar es Pablo de Samosata.

---

[153] McKim, 11. McKim usa el término "reacción". No todos los eruditos estarán de acuerdo en que ésto fue una "reacción" debido a que la fundación de la Iglesia fue monoteísta. No obstante, el término "modalismo" no apareció hasta el final del segundo siglo. Aunque la teología pudo no haber sido nueva, el término lo era. En comparación, el término "pentecostales" no se ha usado a través de los tiempos pero el término identificó a aquellos cristianos del siglo diecinueve (e identifica a los actuales) quienes creen que la iglesia empezó el Día de Pentecostés con su poder pentecostal, no sólo por la regeneración de la fe. De la misma manera, el término "modalismo" identificó a los cristianos quienes claramente estaban reaccionando al desarrollo de la teología trinitaria.

[154] McKim, 29.

La versión más popular,[155] sin embargo, fue el monarquianismo modalista, o el modalismo. En la ciudad de Roma Occidental teológicamente centrípeta,[156] la doctrina fue la teoría oficial por casi una generación,[157] trayendo consigo a los obispos romanos desde Victor hasta Calixto.[158] Heick dice, "el interés principal del modalismo fue mantener el monoteísmo cristiano sin sacrificar la divinidad de Cristo."[159] Continúa diciendo: "Los defensores literarios del modalismo más primitivos eran notablemente monosteístas, y tenían un interés verdadero en la cristianidad bíblica."[160]

Los defensores principales de esta doctrina también predicaron en contra del Logos eterno=la enseñanza de Cristo. Los campeones incluían a Noeto, Práxeas[161] y finalmente a Sabelio.[162] En *Against Praxeas*,

---

[155] Heick, 152.

[156] Ibid., 147.

[157] Harnack, 52. Además, Tertuliano declaró que los modalistas eran "la mayoría" en su escrito *Against Praxeas*, aunque Gregory Boyd y otros disputan que no podemos basar nuestros hechos sólo en este comentario.

[158] Heick, 151.

[159] Ibid., 149.

[160] Ibid.

[161] Se mencionó anteriormente la posibilidad de que él no era una persona real.

[162] Todos los historiadores están de acuerdo en que los obíspos romanos desde Victor

como anteriormente mencionado, obtenemos bastante de nuestra información acerca de los modalistas. La fricción entre Tertuliano y los modalistas puede ser detectada fácilmente en extractos tales como los siguientes comentarios de Tertuliano:

> Ellos constantemente están echándonos en cara que somos predicadores de dos dioses y tres dioses, mientras se dan crédito de forma preeminente por ser adoradores de Un Dios..."Nosotros," dicen, "mante-nemos la Monarquía."[163]

¡Ésto suena como algo que se pudo haber escrito más recientemente![164] Se dice que la enseñanza general de los modalistas es ésta: Dios era una persona pero actuaba por tres "medios" diferentes. En ocasiones han sido representados (¿o mal representados?) como aquellos quienes han colocado a Dios en máscaras. (Sin embargo, no sabemos exactamente si ésta fue su enseñanza; parece haber sido exagerada por historiadores trinitarios.[165]) Pelikan comenta:

---

hasta Calixto, eran modalistas.

[163] *Against Praxeas*, 3.

[164] ¡El famoso debate de 1916 en las Asambleas de Dios pudo haber registrado casi las mismas palabras!

[165] Este problema se cubre en detalle en *Sabellius: His Life and Theology*, por William

Tanto el monoteísmo como la deidad de Cristo fueron salvaguardados, pero no permaneció ninguna distinción entre Padre, Hijo y Espíritu Santo. Esta teoría "piensa que es imposible creer en un Dios a no ser que diga que el Padre y el Hijo y el Espíritu Santo son uno y el mismo."[166]

De nuevo, éso puede ser una exageración. Los modalistas no tenían interés en definir los diferentes "personajes" de las tres funciones de Dios, especialmente en términos no bíblicos.

Puede que términos (tales como "coiguales, coeternos, Dios el Hijo y Dios el Espíritu Santo") apenas se habían empezado a desarrollar, y podemos imaginar, de ser así, que lo más probable es que los modalistas hubieran rechazado su uso.

A menudo se acusa a los modalistas del "patripasianismo"—el pensamiento que el Padre sufrió. Debido a que el pensamiento griego era que Dios estaba distante de nosotros, ¿cómo pudo Dios mismo sufrir? Sería, sólo en sus mentes, el Logos/Hijo quien podía sufrir. Sin embargo descubrimos que a Pablo también se le acusaría de patripasianismo: "Dios estaba en Cristo reconciliando consigo al mundo" (2 Corintios 5:19). Al profeta Zacarías también se le acusaría del mismo error: "mirarán a mí, a quien traspasaron" (Zacarías 12:10).

Chalfant.

[166] Pelikan, 178. Está citando de *Against Praxeas*, 2.

71

Sabelio, llegando más tarde a la escena que los primeros modalistas, usualmente se considera el más importante de ellos.[167] Escribió al menos cinco libros, pero éstos se extraviaron o fueron destruídos. Sería de gran interés encontrarlos. A Sabelio se le ha acusado por algunos de haber enseñado una teoría un tanto extraña: El Padre, Hijo y Espíritu tuvieron papeles sucesivos, no ocupados simultáneamente.[168] Si esta teología se enseñó, no era bíblica. Yo pensaría que ésta no fue su teología. Pelikan comenta, de hecho, que éste puede ser un "informe un tanto dudoso".[169]

El Concilio de Nicea (325 D.C.)

Diferentes puntos de vista acerca de la Deidad y la cristología estaban a punto de chocar. ¿Qué hacemos con este hombre llamado Jesús? Kelly pregunta: "¿Era completamente divino, en el sentido preciso del término…o a pesar de todo era una criatura, sin duda superior al resto de la creación?"[170]

Éstas son las preguntas que llenaron las mentes de la iglesia "católica" emergente. Ningún evento ha sido tan históricamente considerado como un punto decisivo como el primer concilio "ecuménico" en Nicea. Como veremos, este concilio produjo un credo que era

---

[167] Pelikan, 150.

[168] Heick, 150.

[169] Pelikan, 179.

[170] Kelly, *Doctrines*, 223.

más "modalístico" en su primera "edición." Pero en vista que era el primero de siete concilios, debería ser considerado un evento divisorio para la iglesia católica, simplemente por la mera virtud de su existencia.

Desde Nerón hasta Diocleciano, la iglesia (tanto apostólica como católica) había padecido persecuciones. Finalmente, en el año 313 D.C., el Emperador Constantino (junto con su coemperador Licinio[171]) declaró el fin del problema en el Edicto de Milán. Supuestamente había visto una señal de la cruz en el cielo, acompañada por las palabras: "Vence en esta señal". Aunque no se bautizó hasta cerca de su muerte, profesó cristianismo y deseaba paz en su reino. Su intención era la unidad entre la política y la religión.

Arrio, un sacerdote[172] a cargo de la iglesia en Alejandría, tuvo discusiones con su obíspo Alejandro sobre la divinidad de Cristo. Su canto se escuchó por toda Alejandría:

Arrio de Alejandría, voy de boca en boca por
todo el pueblo,
Amigo de santos, elegido por el cielo,
lleno de estudio y renombre;
Si deseas la doctrina del Logos,
puedo servirla caliente y no:
Dios lo engendró y antes de ser engendrado,

---

[171] Bernard, *Oneness and Trinity*, 44.

[172] Algunos se han referido a él como un presbítero (Heick, 154).

Él no era.[173]

Las últimas palabras resonaron fuertemente, aún causando disturbios en las calles.[174] Hubo un "tiempo cuando Él no era". Nació a través del tiempo (antes, pero no en Belén). Arrio creía que Cristo no pudo haber sido el Padre, pero aún era una criatura—una clase de semidiós. Arrio creía en una distinción absoluta del Padre y el Hijo, usando Escrituras tales como Proverbios 8:22-31 las cuales ya habían sido (inadecuadamente) exegidas por el alumno de Orígenes, Dionisio de Alejandría.[175] En pocas palabras, el "Hijo, para Arrio, era Dios, pero no era divino."[176] Pero ésto no puede ser. Si no era divino, no podría ser Dios. Sus teorías quizás fueron similares a las de los Testigos de Jehová de hoy.

Las disputas rasgaron a la iglesia de Alejandría con tal violencia que el Emperador Constantino sintió que debía intervenir. Envió al Obíspo Osio de Córdoba a Alejandría para resolver las cuestiones, pero el obíspo regresó con la noticia que el conflicto aún cobraba vida.[177] Constantino entonces planeó la famosa reunión en Nicea y pagó por el viaje, los alimentos y el alojamiento de los obíspos. Aun nuestra sociedad hoy en día consideraría

---

[173] McKim, 15.

[174] Ibid.

[175] Pelikan, 192.

[176] Heick, 155.

[177] Richardson, 52.

ésto extraño. Ésto era aun más extraño en esa época—los cristianos habían sido perseguidos y mutilados por personas no creyentes; ahora tendrían afinidad juntos. Con sólo doce años en el transcurso entre el edicto de Milán y la reunión en Nicea, el compromiso por lo menos venía en camino.

La mayoría de historiadores cuentan a 318 obispos y sus representantes del Oriente[178] quienes asistieron al concilio. Atanasio, el arcediácono[179] de Alejandro, estuvo allí y terminó desempeñando un papel importante. Es considerado el "Padre de la ortodoxia Trinitaria".[180]

Eusebio de Nicodemia presentó un credo arrianístico, pero éste fue votado fuera. Eusebio de Cesarea ofreció su credo del "Logos de Dios," el cual también fue rechazado. Finalmente, Osio ofreció la palabra *omoousios*—de una sustancia en referencia a Cristo y al Padre. Ésto terminó siendo algo fundamental que se adoptó en el Credo Niceno. (Este término ya se había usado al proteger la identificación de Jesucristo como Dios.)

Se le otorga crédito a Atanasio por haber

---

[178] Más tarde el Occidente también fue influenciado bastante por la teología de Atanasio, por medio de Hilary de Potier, el "Atanasio del Occidente" (Richardson, 55).

[179] Heick, 156. La palabra "arcediácono" es de Heick. Algunos historiadores se refieren a él sencillamente como un diácono.

[180] Bernard, *Oneness and Trinity*, 174.

encabezado la batalla, aunque había sido desterrado cinco veces. Todos menos dos de los obíspos firmaron el credo y los dos que se abstuvieron fueron desterrados.[181]

Aparte de la frase "de una sola sustancia con el Padre," el significado en español de la palabra *omoousios,* por la insistencia de Alejandro,[182] el credo ofrecía fraseología importante: "Engendrado no hecho." "Engendrado" es una palabra bíblica, pero "no hecho" fue más "específica doctrinalmente."[183] Esta mentalidad refleja la teología errónea que Jesús fue "engendrado"—en algún momento de la eternidad—mas no fue "hecho" en Belén.

Debemos hacer una pausa aquí para reflexionar sobre lo que a menudo se ha enseñado. Muchos historiadores modernos proclaman que la "doctrina nicena de la Trinidad se mantiene equidistante entre el triteísmo y el sabelianismo."[184] Éste es un gran enfoque como "hombre de paja". Por ejemplo, Philip Schaff

---

[181] J.W.C. Wand, *The Four Councils* (Great Britain, Faith Press, Ltd., 1951), 12.

[182] Olson y English, 32.

[183] Olson y English escriben que este término, "no hecho" no se encontraba en las Escrituras," pero Pablo sí dijo que el Hijo de Dios fue "hecho de mujer" en Gálatas 4:4, RVA.

[184] Philip Schaff, *History of the Christian Church, Vol. III: Nicene and Post-Nicene Christianity: From Constantine the Great to Gregory the Great, 311-300 D.C.* (Grand Rapids: Eerdmans Publishing Company, 1910), 669.

escribe:

> Muchos pasajes de los padres nicenos indudablemente tienen un sonido triteísta, mas son neutralizados por otros quienes por sí solos pueden portar una constru-cción sabeliana para que así su posición se considere entre los dos extremos.[185]

Sin embargo, no estoy seguro que sea así de sencillo. La cuestión que los ocupaba era el arrianismo, el cual negaba la deidad de Cristo. Su autor, Arrio, creía que Cristo no pudo ser Dios completamente sino era una clase de semidiós preexistente. En reacción [a ésto], el Credo Niceno exaltó a Cristo como el "Dios verdadero de Dios verdadero" sin establecer las relaciones entre las personas dentro de la trinidad.

Por lo tanto originalmente no se pretendía que el Credo Niceno llegara a un compromiso en lo más mínimo. Fue una represión—una refutación—a la teoría de dos personas de Arrio. Para la mayoría de los futuros trinitarios (el Logos preexistente es igual al Hijo preexistente), la queja después del credo fue que el *omoousios* era muy modalístico, y venían cambios en camino para el próximo concilio.

El Concilio de Constantinopla (381 D.C.)

El Emperador Teodosio llamó a un nuevo concilio

---

[185] Schaff, 674.

en Constantinopla. Se escribió una versión revisada del Credo Niceno. El Credo Niceno original terminaba con un "anatema," una maldición para aquellos que no creyeran lo mismo. A este primer credo también le faltaba definir el papel del Espíritu Santo, el cual hasta ese momento no había sido un tanto considerado o discutido. En 381, el concilio en Constantinopla terminó el Credo "Niceno-Constantinopolitano". La frase condenatoria había desaparecido, mas se añadió la parte del Espíritu Santo. Otra frase más importante también se añadió. El Hijo fue engendrado por el Padre "antes de todos los siglos."

Conforme lo registraban más apologistas trinitarios modernos tales como Calvin Beisner, la mayoría de la cristianidad escribiría que el Credo "Niceno-Constantinopolitano" es "una representación acertada sobre la enseñanza del Nuevo Testamento."[186] Beisner también escribe que "la mayoría no puede entender sus definiciones o implicaciones."[187] ¿Cómo se puede aceptar algo que no se puede entender? La mayoría de predicadores trinitarios modernos responden que el asunto debe ser "tomado por fe." No es la fe reveladora

---

[186] E. Calvin Beisner, *God in Three Persons*, (Wheaton: Tyndale House Publishers, 1984), 7.

[187] Ibid., 18. Beisner comenta que "muchos...tienen una concepción modalística de la Trinidad, al menos inconscientemente." En otras palabras, la revelación de Dios en Cristo sin duda llega a todo creyente, a pesar de que la contaminación de los tiempos tratará de oscurecer la luz.

que ilumina la mente y el espíritu. Es la fe la cual—en el vernáculo de los jóvenes en nuestra edad moderna—diría, "Pues, ¡como sea!" ¿Deberíamos simplemente "aceptar" algo y luego llamarle "fe"?

Un problema serio con el nuevo credo fue y es la preexistencia de Cristo. Hemos tocado sobre esto pero ahora examinaremos más plenamente esta cuestión.

La preexistencia de Cristo

"La preexistencia de Cristo," escribe el teólogo Douglass McCready, "no es una doctrina sobre la cual la mayoría de las personas reflexionan."[188] Sin embargo, admite que es "parte de la base de la fe cristiana de la cual dependen éstas otras doctrinas."[189] Si una doctrina es algo que no se considera aún fundamental a la fe subsiguiente, el concepto debería ser reexaminado de cerca.

La preexistencia de Cristo no se encontraba en el Credo Niceno original. Se añadió en algún momento entre Nicea (325) y Constantinopla (381). La adición se muestra en letras cursivas:

Y en un Señor Jesucristo…engendrado del Padre *antes de todos los siglos*: Luz de Luz; Dios

---

[188] Douglass McCready, "He Came Down from Heaven: The Preexistence of Christ Revisited," *Journal of the Evangelical Theological Society* 40/3 September 1997, 419.

[189] Ibid.

verdadero de Dios verdadero; engendrado, no creado; de la misma naturaleza que el Padre;[190]

Fíjese en las palabras nuevas: "antes de todos los siglos." Según McCready, "Justino Mártir (había) identificado al Cristo preexistente con el 'ángel de Jehová' en el Antiguo Testamento, y Novaciano había concluído que el visitante de Abraham en la víspera de la destrucción de Sodoma fue el mismo Cristo preexistente."[191] Ésto convertiría a Jesús en un alma anterior a Belén separada de Dios. Más tarde Orígenes, quien era "un exponente firme de la teoría sobre la preexistencia de todas las almas,"[192] llegó a pensar que Cristo también era preexistente. Una vez más, los escritores nicenos no incluyeron esta teología, pero los autores constantinopolitanos sí lo hicieron.

E. Calvin Beisner, en su apoyo de la trinidad y su desarrollo, defiende las palabras "Engendrado del Padre antes de todos los siglos":

> Es decir, su generación debe ser desde la eternidad. Nunca hubo un tiempo cuando no existió, antes de todos los siglos era el Hijo de Dios. El Verbo, el Hijo, por lo tanto, es eterno (Juan 1:1-3, Hebreos 13:8, Juan 8:58).

---

[190] La fraseología completa de ambos credos se encuentra en las páginas 108-110.

[191] McCready, 421.

[192] J.N.D. Kelly, *Early Christian Doctrines* (London: Adam and Charles Black, 1958), 180.

¿Su generación "debe ser" desde la eternidad? Si quiere decir que Cristo fue engendrado eternamente, está citando a Orígenes.

Quizás la confusión de la preexistencia divina surge de la mezcla del Verbo y el Hijo. La palabra es eterna y es una parte de Dios. El Verbo es con Dios pero es Dios. El Hijo, sin embargo, es el "Verbo hecho carne," no el Hijo preexistente hecho carne.

Adam Clarke reconoció y trató el problema de la preencarnación. Su comentario sobre Lucas 1:52 dice:

El decir que fue engendrado desde la eternidad, en mi opinión, es absurdo; y la frase Hijo eterno es una contradicción propia absoluta. La ETERNIDAD es aquello lo cual no ha tenido comienzo, ni se mantiene dentro de ninguna referencia al TIEMPO. HIJO da por sentado al tiempo, generación y padre; y al tiempo también antecedente a tal generación. Por lo tanto la conjunción de estos dos términos, Hijo y eternidad, es absolutamente imposible, ya que implican esencialmente ideas diferentes y opuestas.[193]

"Absurdo" es una palabra fuerte para Clarke, pero no pudo haberlo dicho de mejor manera. También continuó diciendo que John Wesley había examinado y

---

[193] Adam Clarke, *Commentary of the Bible* (CD-Rom: Waco, Texas: Epiphany Software, 2006), Lucas 1:52.

estado de acuerdo con sus opiniones. Charles Wesley también estuvo de acuerdo.[194]

¿Cuándo tomó raíz esta nueva terminología teológica "antes de todos los siglos"? Entre Nicea y Constantinopla hubieron cerca de doce concilios menores. Descubrimos que la adición al credo apareció en algún momento durante alguno de ellos: el Concilio de Antioquía en 341.[195] Es muy posible que la adición se haya hecho en ese tiempo por Gregorio, uno de los

---

[194] El comentario de Clarke sobre Hebreos 1:8: "Una vez tuve el privilegio de conversar con el difunto reverendo John Wesley sobre la doctrina del papel del Hijo eterno de la naturaleza Divina de Cristo, hace como tres años antes de su muerte; él leyó de un libro en el cual yo había escrito el argumento contra esta doctrina. No trató de responder a él; pero concedió que, en la base bajo la cual yo lo tomé, el argumento era concluyente. Observé que la Divinidad adecuada y esencial de Jesucristo me parecía tan absolutamente necesaria a todo el plan cristiano y para la fe tanto de los pecadores penitentes como de los santos, que era de suma importancia establecerla desde el punto de vista más claro y fuerte; y que, con mi perspectiva actual, yo no podía acreditarla, si he de recibir la doctrina común del papel del Hijo de la naturaleza Divina de nuestro Señor. Él mencionó dos divinos eminentes que tenían la misma opinión."

[195] Schaff, *History of the Christian Church*, Vol. III, 660 (nota de pie de página 1).

capadocios. En cualquier caso, sí sabemos que fue añadida al credo del segundo concilio.

Hemos visto que la doctrina de la trinidad se introdujo y estableció, especialmente en el último concilio. Desde este último concilio importante, Constantinopla fue tan influenciada por los capadocios, que debemos dar marcha atrás y examinar su influencia.

Los capadocios

Los capadocios dieron a la trinidad el significado que duraría hasta la Edad Media. Construyendo "sobre la base de Orígenes,"[196] establecieron "la doctrina de la Trinidad la cual permaneció como la dominante en la Iglesia."[197] Basilio (329-379), su hermano Gregorio de Nisa (?- 386) y su amigo Gegorio Nancianceno (325-381), todos recibieron una educación liberal[198] y eran los pensadores teológicos del cuarto siglo, marcando la pauta para más tarde.[199] Muchos historiadores han comentado que usaron las ideas de Platón, Aristóteles[200]

---

[196] Adolph Harnack, *History of Dogma*, Vol. IV, trans. Neil Buchanan (New York: Dover Publications, 1961), 121.

[197] Ibid., 119

[198] Anthony Meredith, *The Cappadocians* (Crestwood, New York: St. Vladimer's Seminary Press, 2000), 7.

[199] Ibid., viii.

[200] Ibid., x.

y Orígenes[201] para ayudar a formar sus ideas.

Basilio de Cesarea

Basilio, con un "modelo basado en la lógica,"[202] describió a Dios como la trinidad. Según el historiador respetado Jaroslav Pelikan, adoptó ideas "descaradamente" de "los filósofos más avanzados."[203] Consideró a las tres personas como coiguales y coeternas. Lo que es más importante, en la historia del desarrollo de la trinidad, la idea del Espíritu Santo uniéndose con las otras dos "personas" empezó también con Basilio:

Todos admiten que el Padre es Dios y el Hijo es Dios. Pero siempre unimos al Espíritu con los otros dos miembros de la Trinidad en nuestras oraciones e himnos y sobre todo en nuestras doxologías. Las personas tan conjuntamente honradas deben de compartir una naturaleza común. El negar la deidad del Espíritu es

---

[201] Ibid., 10.

[202] Ibid., 105.

[203] Jaroslav Pelikan, *The Christian Tradition; A History of the Development of Doctrine; Vol. I: The Emergence of the Catholic Tradition (100-600)* (Chicago: University of Chicago Press, 1971), 221.

cuestionar la del Padre e Hijo.[204]

Ésta era una nueva idea. Por supuesto, si el Padre y el Hijo eran "personas" coiguales y coeternas, ¿por qué no el Espíritu también?[205] Lo que empezó definiendo al Padre y al Hijo ahora se le prestó al Espíritu: Todos deben de ser personas.

¿Habían argumentos en contra de Basilio? Tuvieron que haberlos, ya que sabemos que Basilio fue el autor de una obra de tratado defensiva titulada, "*Against Those Who Falsely Accuse Us of Saying That There Are Three Gods.*"[206] Aunque no pude encontrar una copia mísma de sus palabras, podemos observar por el título que hubieron aquellos que defendieron la monarquía (el Dios poderoso en Cristo) en contra de Basilio.

"Aparentemente," Pelikan escribe en su observación de la teología de Basilio, "la confesión monoteísta en Deuteronomio 6:4, la cual heredó la

---

[204] Meredith, 33.

[205] Sin embargo, al mismo tiempo estaba "reticente acerca de la afirmación misma de la deidad y la consustancialidad de todas las tres personas," continúa Meredith. (En la Carta 71 para Gregorio Nancianceno, defiende su renuencia de adorar al Espíritu Santo de la mísma manera que al Padre.) Pero la idea había comenzado.

[206] Pelikan, 221. Sería interesante e informativo históricamente encontrar el documento mísmo.

cristianidad del judaísmo, parecía estar en juego." Basilio fundó su doctrina en la fórmula bautismal de Mateo 28:19, diciendo, "fue Cristo, no la ortodoxia" quien colocó a las personas lado a lado.[207] Ésto es sorprendente, ya que Mateo 28:19 no se había empleado de manera trinitaria por cien años después de que Jesús resucitara. La mera escena de la resurección de Cristo y el ampliamento de mente de Su deidad ahora se convirtió en la defensa de tres personas. En la época de Basilio, la liturgía había sido "Gloria sea al Padre por medio del Hijo y del Espíritu Santo." Basilio, sin embargo, cambió las palabras: "Gloria sea al Padre con el Hijo, juntamente con el Espíritu Santo."[208] Distinguió y eternizó a las tres diferentes personas. Claramente estaba creando la base para "establecer" irreparablemente palabras como "coigual" y "coeterno".

Gregorio de Nisa

Gregorio de Nisa usó el pensamiento griego y aquel de Orígenes.[209] Su influencia en el Concilio de Antioquía señaló su afición firme a la "distinción eterna

---

[207] Pelikan, 217.

[208] Ibid.

[209] Meredith, 54. Harnack (véase la referencia previa) relacionó a Orígenes con los capadocios en general; Meredith señala específicamente a Gregorio de Nisa.

entre las tres personas de la Trinidad."[210] Lo más probable es que en este concilio se pudieron haber encontrado las palabras "antes de todos los siglos". Estas palabras luego fueron añadidas al Credo Niceno-Constantinopolitano. Además, es probable que la adición de las palabras provinieron de Gregorio de Nisa. Por lo menos apoyó el concepto.

Gregorio identificó al "Padre como la fuente de poder, el Hijo como el poder del Padre y el Espíritu Santo como el Espíritu de poder."[211] A menudo Gregorio comentaba que deberíamos "proteger las tradiciones que hemos recibido de los padres, como siempre seguros e inmovibles, y buscar del Señor un medio por el cual podamos defender nuestra fe." Estaba desarrollando la fe que había recibido en las tradiciones de la iglesia católica.[212] Lo que quedaba de antelación era sólo que la especulación y filosofía se estaba convirtiendo en una doctrina irrefutable.

Gregorio de Nisa hasta comparó a las tres

---

[210] Ibid., 5. Schaff (véase la referencia previa) pensaba que fue en el Concilio de Antioquía que se añadió el conjunto de palabras "antes de todos los siglos." Meredith está de acuerdo con ésto, señalando la presencia de Gregorio de Nisa en este concilio.

[211] Pelikan, 223.

[212] El Hijo subordinacional (el Padre no engendrado y el Hijo engendrado) del pensamiento de Tertuliano ahora se estaba cambiando.

personas con Pedro, Santiago y Juan.[213] Hoy ésto se consideraría una ilustración de la Deidad de mal gusto y, como bien dicho por Pelikan, "invocaría al clamor del triteísmo de la mayoría de lectores."[214] Aunque parezca mentira, Agustín no vió problema alguno con la misma ilustración de la Deidad.[215] Hablaremos sobre él dentro de poco. Pero el desarrollo continúa.

Gregorio de Nancianceno

Gregorio de Nancianceno también se consideraba un "seguidor de Orígenes y Platón."[216] Gregorio jugó tres papeles especiales en el desarrollo trinitario.

Primeramente, insistió más en la deidad del Espíritu Santo que los otros dos.[217] El papel del Espíritu Santo se había descuidado un tanto en el primer desarrollo de la trinidad, pero ahora que Padre e Hijo eran coiguales, el Espíritu Santo, ahora considerado

---

[213] Pelikan, 220.

[214] Ibid.

[215] "Pero ya que tres hombres aparecieron y se dice que ninguno de ellos es mayor que los demás ya sea en forma, edad o poder, ¿por qué no hemos nosotros de entender aquí, como lo indica visiblemente la criatura visible, la igualdad de la Trinidad, y una y la misma sustancia en tres personas?" (Agustín, *On the Trinity*, Libro II, capítulo 11, también en el capítulo 18.)

[216] Meredith, 43.

[217] Ibid., 106.

más como una "persona," también debía ser considerado igual con los otros dos.[218] El silencio, el cual había sido "una fuente de vergüenza considerable,"[219] se había rompido. Ahora se había abierto una discusión y la tercera persona recibiría "el debido honor."

En segundo lugar, él fue el obíspo en Constantinopla por un corto tiempo. Aunque murió en el año antes del concilio de 381,[220] su influencia en la nueva filosofía era obvia.

En tercer lugar, tuvo el efecto más profundo de los tres capadocios, por medio de sus escritos sobre Agustín.

Resumen de los capadocios

Antes de abordar el tema de Agustín, resumiremos el desarrollo de los capadocios. Aunque cada miembro era algo diferente, los conceptos trinitarios más importantes tomaron raíz por medio de ellos. La enseñanza capadocia comenzaba a

...consagrarse en la liturgia y, si uno las lee correctamente, *documentarse en las Escrituras."* Ahora era tarea de la teología defenderla y

---

[218] Pelikan, 221.

[219] Ibid., 212. Amfiloquio de Iconio escribió en 376 "el Espíritu Santo no se había discutido" en cuanto a su deidad (ibid., 211).

[220] O murió en el mismo año, dependiendo del historiador.

reflexionar sobre ella. En cierto sentido, el dogma de la Trinidad fue el resultado final de la teología.[221]

Como dice el Profesor TeSelle, ahora se podía "documentar" la trinidad. El Cristo preexistente ahora se reconocía tradicionalmente y en efecto las "personas" estaban separadas y eran coiguales y coeternas.

La nueva doctrina se había establecido.

---

[221] Eugene TeSelle, *Augustine* (Nashville: Abingdon Press, 2006), 46. Las letras cursivas y comillas son mías.

Desarrollo Tercera Parte:
Se Otorga Mandato Sobre la Nueva Doctrina

Lo que comenzó como una conjetura ahora era una doctrina. El pensamiento preliminar se estableció por medio de los primeros dos concilios. Hubieron dos concilios más (Efesios en 431 y Calcedonia en 451). Trataron, en su mayor parte, con la naturaleza de Cristo. Después de todo, las "personas coeternas y coiguales" de la Deidad se habían establecido. Bueno, casi. Esa teología se sellaría aun más.

Agustín (345-430 D.C.)

Agustín de Hipona es considerado por muchos el "Padre de la teología Occidental". Encontramos dos influencias principales en su pensamiento trinitario formativo. Primero, la de Platón. González, entre otros, admite que tenía una "admiración abierta por lo mejor de la cultura pagana, particularmente por los platonistas.[222] Fue la "lectura de los neoplatonistas" por Agustín "que clarificó su entendimiento de Dios."[223] "Se

---

[222] Justo González, *Christian Thought Revisited: Three Types of Theology* (Nashville: Abingdon Press: 1989), 102. Para ese entonces frecuentemente se le llamaba el "neoplatonismo".

[223] Ibid., 103.

convirtió en un neoplatonista en Milán"[224] y según la enseñanza de Phillip Cary, se convirtió en "el amigo de la filosofía."[225] TeSelle escribe: "El encuentro de Agustín con el platonismo le ofreció un marco dentro del cual podría entender la doctrina cristiana."[226] He listado varios comentarios para verificar esta base de Agustín. ¿Acaso ésto no es una reprensión obvia de las "filosofías y huecas sutilezas" de las cuales nos advirtió Pablo en Colosios 2:8?

¿Cuál era la filosofía en la cual creía Platón? Platón enseñaba que podríamos entender al mundo "real" por lo que podemos ver. "Agustín el platonista"[227] sentiría la necesidad de colocar los misterios de la Deidad en el vocabulario "visto". Se usaron muchas ilustraciones de la trinidad: sol, rayo y luz; fuente, arroyo y corriente; raíz, tallo y fruto; colores del arco iris; alma, pensamiento y espíritu; memoria, inteligencia y voluntad. Con estas ideas y aun el uso de la "persona," debemos entender que sólo son ilustraciones materiales de lo desconocido.[228]

---

[224] Justo González, *A History of Christian Thought*, Vol. II (Nashville: Abingdon Press:: 1971), 18.

[225] Phillip Cary, Lectures on CD: "Augustine: Philosopher and Saint" (Chantilly, VA: The Teaching Company, 1997), de la lección #2.

[226] TeSelle, 12.

[227] Ibid.

[228] Schaff, 677-678.

Así como un triángulo en una pizarra ilustra al triángulo real, los ejemplos que podemos ver son ilustrativos de lo oculto.[229]

Pero debemos recordar: las cosas de Dios no se ven. Debemos tener cuidado con las ilustraciones de las cosas de Dios. ¿A quién (o a qué) se le puede asemejar a Él (Isaías 46:5)?

En segundo lugar, Agustín conocía la teología de los capadocios[230] y usó sus teorías en desarrollo como base. Justo González escribe:

Agustín aceptó la doctrina Trinitaria como cuestión de fe que va más allá de cualquier duda. Por lo tanto, su obra *On the Trinity* no se dedica, como la mayoría de sus antecesores, a ofrecer pruebas de la divinidad del Hijo y del Espíritu Santo, ni tampoco para probar su unidad esencial con el Padre. Básicamente, Agustín construyó sobre la base creada por los tres capadocios.[231]

---

[229] Cary de la Lección 8. Es difícil ver el punto verdadero de Agustín aquí, pero ésta fue su enseñanza.

[230] Como antes mencionado, la dependencia de Agustín más fuerte se apoyaba, de los tres capadocios, sobre Gregorio de Nanciaceno (TeSelle, 54).

[231] Justo González, *A History of Christian Thought*, Vol. I (Nashville:Abingdon Press: 1970), 337.

Una vez más, la "pelea" había terminado. La trinidad ahora se había desarrollado hasta el punto donde era cuestión de aceptación por la iglesia católica. Ahora sólo era necesario una explicación "sólida" de la trinidad. De 400 a 416, Agustín escribió *De Trinitate* (*On the Trinity*), dando "entendimiento a su fe."[232] Escribió "No existe mejor palabra que la Trinidad." He aquí una muestra típica de su libro:

> Algunos se confunden en su fe cuando escuchan que el Padre es Dios, el Hijo es Dios, el Espíritu Santo es Dios y esta Trinidad no es de tres Dioses sino de un Dios; y preguntan como han de concebirlo.[233]

No obstante, Agustín a veces estaba renuente al uso de la palabra "personas", diciendo que simplemente era la mejor palabra que el hombre pudo encontrar. Su introducción sobre *De Trinitate* revela su titubeo aparente del dogmatismo:

> Si decimos que no tenemos la costumbre de pensar sobre temas estamos mintiendo; por otro lado... nos dejamos llevar por un afán de investigar la

---

[232] "La fe buscando entendimiento" era un tema tanto para Agustín como luego para Anselmo al seguir el pensamiento Agustiano.

[233] Augustine, *The Trinity*, trans. Stephen McKenna (Washington, D.C., The Catholic University of America Press, 1963), 11.

verdad...Yo mismo me beneficiaré al servirles con lo que lean, y en mi afán de responder a aquellos que buscan, yo también descubriré lo que busco. Por lo tanto, he emprendido esta labor por el mando y con la ayuda del Señor nuestro Dios, no por el amor de hablar con autoridad sobre lo que sé, como de conocer estos temas al hablar sobre ellos con reverencia.[234]

Aun así, los escritos de Agustín cementaron el pensa-miento de la iglesia católica.

Fue el uso de Agustín de las tres personas siendo coiguales y coeternas que tuvo un efecto fuerte en el futuro de la teología. El historiador célebre Louis Berkhof señala que fue por medio de *On the Trinity* que "la concepción Occidental del pensamiento trinitario se solidificó".[235] Había "alcanzado su declaración final."[236] Lo que había comenzado como conjetura ahora se aceptaba sólidamente.

Agustín añadió otro nivel de pensamiento a las tres personas. Nadie aún había desarrollado la trinidad a tal grado que evocaría la doctrina de "amor mutuo":

Cada persona expresa la plenitud entera del ser divino con sus atributos y postura de las tres personas en relación al conocimiento y amor

---

[234] Ibid., 12-13.

[235] Berkhof, 92.

[236] Ibid., 93.

mutuo. El Padre le comunica su vida mísma al Hijo y el Espíritu es el lazo de unión y comunión entre los dos.[237]

Veremos más sobre esto después del Credo de Atanasio. Pero cualquier defensor del monoteísmo debería estar de acuerdo: la doctrina del amor mutuo es la quintaesencia del triteísmo.

Los escritos de Agustín (con la excepción de la doctrina de "amor mutuo" se usaron casi palabra por palabra en el Credo de Atanasio. Se puede encontrar en la próxima sección. Las palabras exactas muestran la similaridad a la obra de Agustín pero ésta vez con una advertencia contra aquellos que no creyeran en la trinidad. Pronto se otorgaría un mandato que sólo aquellos que creyeran esta doctrina serían salvos. Continuemos con este credo.

El Credo de Atanasio

El Credo de Atanasio no fue escrito por Atanasio. Sabemos ésto por dos razones: primeramente, fue escrito en efecto en un siglo diferente, entre 435 y 535.[238] Atanasio vivió en los años del tercer siglo.

---

[237] Schaff, 676.

[238] Ibid., 112. Kelly brinda detalles de su razón para estas fechas. Mientras que no es necesario que brindemos sus razones, la mayoría de historiadores están de acuerdo en que el credo se escribió más o menos por el tiempo de 500 D.C., algunos indican exactamente a 525 D.C.

En segundo lugar, Atanasio no apoyaba sus teorías. Escribió *On the Incarnation* en su época. Ni siquiera una vez, sin embargo, ese documento usa las palabras "trinidad," "Dios el Hijo," o "Hijo Eterno" ¡o siquiera sugiere que Dios es tres personas coiguales y coeternas!

Atanasio luchó contra la doctrina arriana del "segundo dios" en el concilio de Nicea en 325. Más tarde, el clero trinitario lo nombró su "campeón". Efectivamente era el campeón, pero por la encarnación de Dios en Cristo—no por la enseñanza trinitaria del Credo de Atanasio.

Como hemos observado, se le dió su forma final por los capadocios[239] y Agustín, especialmente en su categorización de personas dentro de la Deidad. Pero de nuevo, no fue en la época de Atanasio. El "Quicumque"[240] fue "patentemente después de Atanasio."[241]

Muchos trinitarios tales como Calvin Beisner sienten que la trinidad "es una de las declaraciones más precisas de lo esencial de la fe cristiana."[242] ¿Cuál es la definición, entonces, de una doctrina tan importante? El Credo de Atanasio, imitando a Agustín, dice que:

---

[239] Ibid., 85.

[240] Éste es otro nombre para el credo, tomado del latín.

[241] J.N.D. Kelly, *The Athanasian Creed*, (London: Adam and Charles Black, Limited, 1964), 2.

[242] Beisner,12

Es una la persona del Padre, otra la del Hijo y otra la del Espíritu Santo. Mas la Divinidad del Padre, del Hijo y del Espíritu Santo es toda una, igual la gloria, coeterna la majestad.

Si tres personas que existen distintamente son coeternas, ¿entonces por qué una se llama Padre y la otra Hijo? Por supuesto que Orígenes tenía una respuesta, pero la generación eterna no es ni bíblica ni comprensible. El credo continúa, sin embargo. Aunque estos tres son coeternos,

El Padre por nadie es hecho, ni creado, ni engendrado. El Hijo es sólo del Padre, no hecho, ni creado, sino engendrado. El Espíritu Santo es del Padre y del Hijo, no hecho, ni creado, ni engendrado, sino procedente.

Entonces el Padre se sostiene solo, sin que haya sido creado por nadie. El Hijo es engendrado. El Espíritu Santo es "doblemente procedente."[243] No debería haber problema respecto a estas funciones. La pregunta surge, sin embargo, en cuanto a cuándo nació

---

[243] Esta teoría de "doble procedencia," que el Espíritu Santo viene tanto del Padre como del Hijo por toda la eternidad, se llama filioque. Fue de bastante debate en el Concilio de Toledo en 589. Eventualmente, el filioque fue al menos listado como una razón importante para la división Oriental-Occidental en 1054.

el Hijo. El Quicumque brinda dos respuestas:

[Él es] Dios, de la substancia del Padre, engendrado antes de todos los siglos; y hombre, de la substancia de Su madre, nacido en el mundo;

¡Ésto le brindaría a Jesús dos nacimientos! Aun Kelly comenta que el Credo de Atanasio significa que Cristo "tiene una generación doble, antes de todos los siglos por el Padre y en el mundo por la Vírgen Bendita."[244] La engendración es un concepto basado en el tiempo. Por lo tanto, tuvo que haber un "tiempo cuando no era." ¿Acaso Él era el "ángel de Jehová" como lo sugirió Tertuliano, un semidiós o un Espíritu el cual no podemos catalogar? ¿Acaso estaba "oculto" como supuso Gregorio de Nancianceno?[245] Cuándo nació en Belén, ¿acaso éste era Su segundo nacimiento? Si Él realmente fue una "persona" antes de que apareciera el hombre Jesús mísmo y hubieran tres personas en el cielo, ¿acaso ahora había una cuarta "persona" la cual era Dios en la tierra? Éstas son preguntas serias.

¿Por qué debemos aceptar ésto? ¡Es una nueva doctrina!

---

[244] Kelly, 91.

[245] Gregorio de Nancianceno, Epístola 58, citado por Pelikan, 211.

Después del Credo de Atanasio

El dogma de tres personas que son coiguales y coeternas se convirtió en algo aun más atroz. Las tres personas se convirtieron en individuos quienes han estado compartiendo eternamente el amor entre ellos. Como se indicó, Agustín comenzó su enseñanza. Este concepto descabellado con frecuencia se usó como base. Por ejemplo, Ricardo de San Victor, quien fue "uno de los pensadores Trinitarios más importantes de la Edad Media,"[246] explicó que "el compartir amor no puede existir a menos que sea entre menos de tres personas."[247] Estamos sentados a los pies de tres personas y de este modo entendemos de qué se trata el amor. Es inconcebible que la nueva doctrina estaba llegando tan lejos. Francis Schaeffer, un teólogo presbítero conservativo muy conocido del siglo veinte dijo, "había amor y comunicación dentro de la Trinidad."[248] Más recientemente, un teólogo muy conocido escribió:

> El Dios trino es una comunidad relacional. A lo largo de la eternidad el Padre, Hijo y Espíritu Santo han existido en una unidad afectuosa e interactiva.[249]

---

[246] McGrath, 203-204.

[247] Ibid.

[248] Schaeffer es citado en *Hymns for the Family of God* (Nashville: Paragon Associates, Inc.), 364.

[249] Glen Scorgie, *A Little Guide to Christian*

Esto es triteísmo en la peor etapa que jamás se había intentado. La Biblia no apoya a este concepto y no es nada más que conjetura intelectual.

No obstante, el dogma trinitario se convirtió en la "enseñanza oficial de la 'iglesia.'"[250] Para 383, el Emperador Teodosio había amenazado de castigar a todo aquel que no creyera y adorara a la trinidad.[251] A lo largo de la Edad Media, escribe González, "habían pocos" que ponían en duda la trinidad.[252] Además, "aquellos que lo hicieron fueron reprimidos inmediatamente por las autoridades."[253]

En la próxima sección, veremos a los credos mismos. Lo que comenzó como una conjetura se convirtió en la doctrina establecida e irrefutable de la cristianidad. Con el credo final llamado de Atanasio, la trinidad se convirtió en el cimiento de la cristianidad católica y no católica.[254] La Reforma con Lutero, Calvino y

---

Spirituality: Three Dimensions of Life with God (Grand Rapids: Zondervan, 2007), 57.

[250] Pelikan, 224.

[251] Hugh Stannus, *A History of the Origin of the Doctrine of the Trinity in the Christian Church* (London: Christian Life Publishing Company, 1882), viii.

[252] Justo González, *A Concise History of Christian Doctrine*, (Nashville: Abingdon Press: 2005), 84.

[253] Ibid.

[254] Como ejemplo, La Confesión de Fe

Zwinglio nunca retó las creencias trinitarias. Sí, hubieron excepciones. Miguel Servet fue quemado en la hoguera por escribir *On the Errors of the Trinity*. Los cuáqueros se rehusaron a usar la palabra "trinidad".[255] En algunos avivamientos tales como en el Segundo Avivamiento de Cane Ridge de 1801, encontramos a hombres tales como Barton Stone que bautizaron públicamente en el nombre de Jesús y se rehusaban a usar el lenguaje trinitario. Casi lo sacan de la iglesia presbiteriana por éso, pero les dijo: "Todo ésto es incomprensible." Aún así, los hijos de estos avivamientos no solidificaron su postura contra la trinidad. En su mayor parte, la trinidad con sus nociones peculiares, fue aceptada por años como "ortodoxa". Cualquiera que no creyera en

---

Francesa (1559) es típica para el entendimiento protestante de cánones y credos. "Confesamos los tres credos como sigue: el Apostólico, el Niceno y el de Atanasio, porque van de acuerdo con la Palabra de Dios" (McAlister, 102-103).

[255] William Penn, por ejemplo, un cuáquero muy conocido, fue encarcelado por casi dieciocho meses, en Inglaterra, antes de venir a los Estados Unidos, por escribir y distribuír *The Sandy Foundation Shaken*. Mientras encarcelado, escribió un folleto similar, *Innocency with her Open Face*. Estos escritos atacaban al "fundamento" trinitario de la cristianidad histórica, proporcionando un entendimiento bíblico del Dios poderoso en Cristo. El primer documento se puede encontrar por Internet.

ella fielmente no podía ser salvo.[256] La nueva doctrina de la trinidad ahora se había introducido, establecido y finalmente se había otorgado mandato sobre ella.

---

[256] Éste es el último verso del Credo de Atanasio.

Terminología de la Nueva Doctrina: Los Credos

Los concilios debatieron las doctrinas. Pero los credos nos brindan algo en lo cual podemos "aferrarnos" históricamente. El desarrollo de la trinidad se traza fácilmente en la evolución de estas declaraciones.

El primer credo documentado es el "Credo de los Apóstoles". Todos los historiadores están de acuerdo en que no fue escrito por los apóstoles. Fue un documento "emergente" y ha sido dificultuoso descubrir su comienzo exacto.[257] Para la mitad del segundo siglo, observamos que se usó como una declaración general de fe. No se menciona la trinidad en él. La Palabra "católica" significa

---

[257] El único "credo de los apóstoles" verdadero se encuentra en los escritos de Lucas en el Libro de Hechos:

"Al oír esto, se compungieron de corazón, y dijeron a Pedro y a los otros apóstoles: Varones hermanos, ¿qué haremos? Pedro les dijo: Arrepentíos, y bautícese cada uno de vosotros en el nombre de Jesucristo para perdón de los pecados; y recibiréis el don del Espíritu Santo. Porque para vosotros es la promesa, y para vuestros hijos, y para todos los que están lejos; para cuantos el Señor nuestro Dios llamare" (Hechos 2:37-39).

"universal," como mencionado previamente.

El Credo de los Apóstoles

1. Creo en Dios Padre Todopoderoso, Creador del cielo y de la tierra.
2. Y en Jesucristo, su único Hijo, nuestro Señor,
3. que fue concebido por obra del Espíritu Santo, nació de la virgen María,
4. Padeció bajo el poder de Poncio Pilato, fue crucificado, muerto y sepultado, descendió a los infiernos,
5. al tercer día resucitó de entre los muertos,
6. subió a los cielos, y está sentado a la diestra de Dios Padre Todopoderoso.
7. Desde allí ha de venir a juzgar a vivos y muertos.
8. Creo en el Espíritu Santo,
9. la santa Iglesia católica, la comunión de los santos,
10. el perdón de los pecados,
11. la resurrección de la carne
12. y la vida eterna. Amén.

Los próximos dos credos son los más importantes. Colocamos a éstos juntos debido a la importancia en el desarrollo del primero al segundo. El Credo Niceno en realidad es del concilio en 325, aunque la versión de 381 a veces es citada como la del Credo Niceno. Observe la adición de las palabras "antes de todos los siglos." Ésto no fue escrito en Nicea sino añadido en Constantinopla en 381. Las palabras en corchetes (izquierda) fueron borradas, aquellas en letras cursivas (derecha) fueron añadidas.

El Credo Niceno y Niceno-Constantinopolitano[258]

El Credo Niceno de 325	El Credo Constantinopolitano de 381
Creemos en un solo Dios, el Padre Todopoderoso, Hacedor de todas las cosas visibles e invisibles.	Creemos en un solo Dios, Padre Todopoderoso, Creador del *cielo y de la tierra, de* todo lo visible y lo invisible.
Y en un solo Señor Jesucristo, el Hijo de Dios, engendrado del Padre, [el único engendrado, es decir, de la naturaleza del Padre. Dios de Dios], Luz de Luz, Dios verdadero de Dios verdadero, engendrado, no hecho, de una sola sustancia con el Padre, por quien todas las cosas fueron hechas, [tanto las cosas en el cielo como las cosas en la tierra]; quien por nosotros	Y en un solo Señor Jesucristo, Hijo *único* de Dios, nacido del Padre *antes de todos los siglos:* Luz de Luz, Dios verdadero de Dios verdadero, engendrado, no creado, de la misma naturaleza que el Padre, por quien todo fue hecho; Que por nosotros los hombres, y por nuestra salvación bajó *del cielo, y por obra del Espíritu Santo se encarnó de María, la Virgen,* y se

---

[258] Philip Schaff, ed. *Early Church Fathers: The Translations of the Writings of the Fathers down to AD 325* (CD Rom] Waco, Texas: Epiphany Software, 2006. Las palabras en letras cursivas fueron añadidas del Credo Niceno al Constantinopolitano (o al nuevo Credo Niceno). Las palabras en corchetes fueron borradas.

Creemos en un solo Dios, el Padre Todopoderoso, Hacedor de todas las cosas visibles e invisibles.

Y en un solo Señor Jesucristo, el Hijo de Dios, engendrado del Padre, [el único engendrado, es decir, de la naturaleza del Padre. Dios de Dios], Luz de Luz, Dios verdadero de Dios verdadero, engendrado, no hecho, de una sola sustancia con el Padre, por quien todas las cosas fueron hechas, [tanto las cosas en el cielo como las cosas en la tierra]; quien por nosotros los hombres y por nuestra salvación descendió y fue hecho carne y asumió la naturaleza humana, sufrió y resucitó el tercer día, ascendió al cielo, y vendrá otra vez para juzgar a los vivos y a los muertos.

hizo hombre; y *por nuestra causa fue crucificado en tiempos de Poncio Pilato;* padeció y *fue sepultado,* y resucitó al tercer día, *según las Escrituras,* y subió al cielo, y *está sentado a la derecha del Padre; y de nuevo* vendrá *con gloria* para juzgar a vivos y muertos, y *su reino no tendrá fin.*

Y en el Espíritu Santo.

Creemos en el Espíritu

109

(A quienes digan, pues, que 'hubo un tiempo cuando el Hijo de Dios no existía,' y que 'antes de ser engendrado no existía,' y 'que fue hecho de las cosas que no son,' o que 'fue formado de otra substancia' o 'esencia,' o que 'El Hijo de Dios es creado,' o que es 'mutable' o 'variable,'—a éstos anatematiza la santa Iglesia católica y apostólica.)

Santo, *Señor y dador de vida, que procede del Padre y del Hijo, que con el Padre y el Hijo recibe una misma adoración y gloria, y que habló por los profetas.*

Creemos en la Iglesia, que es una, santa, católica y apostólica. Confesamos que hay un solo Bautismo para el perdón de los pecados. Esperamos la resurrección de los muertos y la vida del mundo futuro. Amén.

La Definición de Calcedonia

Hubieron cuatro concilios importantes: Nicea en 325, Constantinopla en 381, Éfeso en 431 y finalmente Calcedonia en 451. Los primeros dos credos de los concilios se muestran arriba. El concilio de Éfeso trató con María, mas no abordaremos el tema aquí. El último de los cuatros concilios, resumiendo a los cuatro, produjo este credo:

Todos a una voz enseñamos que ha de confesarse a uno solo y el mismo Hijo, nuestro Señor

Jesucristo, el mismo perfecto en la divinidad y el mismo perfecto en la humanidad, Dios verdaderamente, y el mismo verdaderamente hombre de alma racional y de cuerpo, consustancial con el Padre en cuanto a la divinidad, y el mismo consustancial con nosotros en cuanto a la humanidad, semejante en todo a nosotros, menos en el pecado; engendrado del Padre antes de los siglos en cuanto a la divinidad, y el mismo, en los últimos días, por nosotros y por nuestra salvación, engendrado de María Virgen, madre de Dios, en cuanto a la humanidad.[259]

Ahora, Jesús sin duda tiene dos nacimientos: en algún momento en la eternidad y también en Belén. Ésto es más atroz que el Credo Constantinopolitano.

Como mencionado, el Credo de Atanasio claramente fue nombrado de manera equivocada. Sin embargo, este credo se usa para sellar la fórmula de creencia católica y más tarde la protestante. Se le pide al lector (cristiano) creer algo que es incomprensible y si él o ella no puede, no puede ser salvo. Porqué el movimiento protestante no rechazó completamente esta doctrina católica se nos deja a nuestra propia conjetura. Pero quizás "para esta hora [hemos] llegado al reino." Debemos estar dispuestos a volver a examinar lo que los "padres" nos dieron, para ver si es verdad o tradición. En todo caso, aquí está el credo:

---

[259] Justo González, *The Story of Christianity*, Vol. I. (Peabody, Mass.: Prince Press, 2001), 257.

El Credo de Atanasio[260]

1. Todo el que quiera salvarse, debe ante todo mantener la fe católica.
2. El que no guardase esa fe íntegra y pura, sin duda perecerá eternamente.
3. Y la fe católica es está: que adoramos un solo Dios en Trinidad, y Trinidad en Unidad,
4. sin confundir las personas, ni dividir la substancia;
5. Porque hay una persona del Padre, otra del Hijo y otra del Espíritu Santo.
6. Mas la Divinidad del Padre, del Hijo y del Espíritu Santo es toda una, igual la gloria, coeterna la majestad.
7. Así como es el Padre, así el Hijo, así el Espíritu.
8. Increado es el Padre, increado es el Hijo, increado el Espíritu Santo.
9. Incomprensible es el Padre, incomprensible es el Hijo, incomprensible es el Espíritu Santo.
10. Eterno es el Padre, eterno es el Hijo, eterno es el Espíritu Santo.
11. Y, sin embargo, no son tres eternos, sino un solo eterno;
12. Como también no son tres incomprensibles, ni tres increados, sino un solo increado y un solo incomprensible.

---

[260] Ibid., Schaff.

13. Asimismo, omnipotente es el Padre, omnipotente el Hijo, omnipotente el Espíritu Santo.

14. Y, sin embargo, no son tres omnipotentes, sino un solo omnipotente.

15. Asimismo, el Padre es Dios, el Hijo es Dios, el Espíritu Santo es Dios.

16. Y, sin embargo, no son tres Dioses, sino un solo Dios.

17. Así también, Señor es el Padre, Señor el Hijo, Señor el Espíritu Santo.

18. Y, sin embargo, no son tres Señores, sino un solo Señor;

19. Porque así como la verdad cristiana nos obliga a reconocer que cada una de las Personas de por sí es Dios y Señor.

20. Así la religión católica nos prohíbe decir que hay tres Dioses o tres Señores.

21. El Padre por nadie es hecho, ni creado, ni engendrado.

22. El Hijo es sólo del Padre, no hecho, ni creado, sino engendrado.

23. El Espíritu Santo es del Padre y del Hijo, no hecho, ni creado, ni engendrado, sino procedente.

24. Hay, pues, un Padre, no tres Padres; un Hijo, no tres Hijos; un Espíritu Santo, no tres Espíritus Santos.

25. Y en esta Trinidad nadie es primero ni postrero, nadie mayor ni menor;

26. Sino que todas las tres personas son coeternas

juntamente y coiguales.

27. De manera que en todo, como queda dicho, se ha de adorar la Unidad en Trinidad, y la Trinidad en Unidad.

28. Por tanto, el que quiera salvarse debe pensar así de la Trinidad.

29. Además, es necesario para la salvación eterna que también crea correctamente en la encarnación de nuestro Señor Jesucristo.

30. Porque la fe verdadera, que creemos y confesamos, es que nuestro Señor Jesucristo, Hijo de Dios , es Dios y hombre;

31. Dios, de la substancia del Padre, engendrado antes de todos los siglos; y hombre, de la substancia de Su madre, nacido en el mundo;

32. Perfecto Dios y perfecto hombre, subsistente de alma racional y de carne humana;

33. igual al Padre, según Su Divinidad; inferior al Padre, según Su humanidad.

34. Quien, aunque sea Dios y hombre, sin embargo, no es dos, sino un solo Cristo;

35. Uno, no por conversión de la Divinidad en carne, sino por la asunción de la humanidad en Dios;

36. Uno totalmente, no por confusión de substancia, sino por unidad de persona.

37. Pues como el alma racional y la carne es un solo hombre, así Dios y hombre es un solo Cristo;

38. El que padeció por nuestra salvación, descendió a los infiernos, resucitó al tercer

día de entre los muertos.

39. Subió a los cielos, está sentado a la diestra del Padre, Dios Todopoderoso,

40. de donde ha de venir a juzgar a vivos y muertos.

41. A cuya venida todos los hombres resucitarán con sus cuerpos

42. y darán cuenta de sus propias obras.

43. Y los que hubieren obrado bien irán a la vida eterna; y los que hubieren obrado mal, al fuego eterno.

44. Esta es la fe católica, y quien no la crea fielmente no puede salvarse.

Palabras no Bíblicas
que se Usan en la Historia de la Iglesia

La "nueva doctrina" de la trinidad usó palabras re-cientemente inventadas. La siguiente investigación es de palabras terminológicas que no están en la Bi-blia. Se pueden encontrar tan comúnmente en la cristianidad que podríamos suponer que estarían en las Escrituras. Pero se debe emplear gran cuidado y hasta sospecha en su uso si deseamos ser genuina y teológicamente "ortodoxos". Las palabras en cuestión son "Dios el Hijo," "Dios el Espíritu Santo," "Hijo Eterno," "coigual" y "coeterno." Aquí señalamos la "primera vez" que estas frases son "mencionadas" en la historia de la iglesia.[261]

Dios el Hijo

Ésto se encuentra primero en *A Plea for the Christians*, capítulo diez, "The Christians Worship the Father, Son, and Holy Ghost" por Atenágoras. Fue en

---

[261] Toda investigación se hizo por búsqueda electrónica por Philip Schaff, ed. *Early Church Fathers down to AD 325* [CD Rom] Waco, Texas: Epiphany Software, 2006. Schaff es indiscutiblemente concluyente para este propósito.

el año 177 D.C. No mucho tiempo después de éso, encontramos la frase en Clemente de Alejandría. Él menciona a la "Sangre de Dios el Hijo" en *The Salvation of the Rich Man*. Se hicieron referencias más tarde por Tertuliano, Novaciano (en argumentos contra los modalistas) y otros.

Dios el Espíritu Santo

Este término no se menciona en la época patrística primitiva. A principios de los años del cuarto siglo, Agustín, en su libro *On the Holy Trinity* (Libro 15, capítulo 17, "How the Holy Spirit is Called, Love, and Whether He alone is so Called..."), escribe:

> Pero ellos han dicho, "Dios es amor," para que sea incierto y permanezca la pregunta si Dios el Padre es amor, o Dios el Hijo, o Dios el Espíritu Santo, o la Trinidad mísma la cual es Dios.

Hijo Eterno

Clemente de Alejandría (c. de 150 hasta c. de 215) primero usó este término en *Exhortation to the Heathen*, capítulo 12. Más tarde esta frase estaba en la "Liturgy of the Blessed Apostles," por San Adeus y San Maris, "Maestros de la Iglesia Oriental":

> Santo eres, O Dios nuestro Padre, ciertamente el único, por quien toda la familia en el cielo y en la tierra se nombra. Santo Eres, Hijo Eterno, por

medio de quien todas las cosas fueron hechas. Santo Eres, Santo, Espíritu Eterno, por medio de quien todas las cosas son santificadas.

Además, encontramos el uso frecuente del término en *On the Holy Trinity*, por Agustín. También en sus *Lectures on the Gospel According to St. John* (Tratado 21), Agustín escribe:

Porque Él es el Hijo igual al Padre, el Hijo eterno con el Padre, y coeterno con el Padre, pero nos convertimos en hijos por medio del Hijo, adoptados por el Único engendrado.

Coigual

No encontramos ningún uso del término "coigual" en los documentos patrísticos primitivos, aunque los capadocios y el concilio de Constantinopla difundió la teología con palabras distintas. Poco tiempo después, sin embargo, Agustín usó el término en su libro *On the Holy Trinity*:

El Padre había engendrado al Hijo y entonces Él quien es el Padre no es el Hijo; y el Hijo es engendrado por el Padre, y entonces Él quien es el Hijo no es el Padre; y el Espíritu Santo no es ni el Padre, ni el Hijo, pero sólo el Espíritu del Padre y del Hijo, Él mismo también coigual con el Padre y el Hijo, y perteneciendo a la unidad

119

de la Trinidad.[262]

<u>Coeterno</u>

Primero encontramos mención sobre esto en *The Extant Works and Fragments of Hippolytus* (AD 170-236), no con la definición trinitaria típica posterior del Hijo,[263] pero aun así se usa:

> Amigo del hombre, ¿cuándo Te vimos enfermo o en prisión, y vinimos hacia Ti? Eres el siempre viviente. Eres sin principio, como el Padre, y coeterno con el Espíritu. Eres Aquel que hizo todas las cosas que no eran. Eres el príncipe de los ángeles. Eres Aquel a quien temen las profundidades. Eres Aquel cubierto de luz como con manto. Eres Aquel quien nos creó, y nos formó de la tierra. Eres Aquel quien formó lo invisible. La tierra entera huye de Tu presencia.

Más tarde este término y otros se usaron bastante en los escritos de Agustín, como en *On the Trinity*. Aquí está una muestra de otro de sus escritos, *Instructing the Unlearned*:

---

[262] Libro 1, capítulo 4.

[263] Pareciera como si el escritor se estuviera refiriendo a Jesús como el creador en vez de la "segunda persona," aunque también llamó a Jesús "como" al Padre.

Porque éste mismo Cristo, el único Hijo engendrado de Dios, el Verbo del Padre, igual y coeterno con el Padre, por medio de quien se hicieron todas las cosas, también se hizo Él mismo hombre por nuestra causa, a fin de que pudiera ser la Cabeza de toda la Iglesia, como de todo Su cuerpo.[264]

Es asombroso que estas etiquetas estaban ausentes no sólo en las Escrituras sino también en los primeros cien años de la historia de la iglesia. ¿Por qué deberíamos de verlas hoy como algo ortodoxo?

---

[264] Tertuliano, *Instructing the Unlearned*, capítulo 19.

Resumen

Las próximas páginas explicarán este estudio en un "resumen" sencillo. Comenzamos el repaso del desarrollo de la trinidad con el distinguido erudito en patrística David Wright:

La doctrina de la Trinidad es uno de los principios más distintivos y fundamentales de la fe cristiana. Fue durante los siglos patrísticos que la fe Trinitaria de la iglesia asumió la forma que ha retenido en gran parte durante su historia.[265]

Los apologistas y el Logos

Los apologistas griegos enseñaban que Dios no era capaz de sentir emoción y tener interacción. De esta manera, Él había creado el Logos el cual estaba separado de Él. "Dios, siendo infinito y sin espacio, tenía necesidad del Logos como un ser mediador para tender un puente entre la brecha y el abismo entre Él

---

[265] David Wright, "Trinity." *Encyclopedia of Early Christianity*, ed. Everett Ferguson (New York: Garland Publishers, 1997), 1142. Wright enseñó en la Universidad de Edinburgh por más de cuarenta años.

y el mundo."[266] Más tarde, los apologistas cristianos identificaron a Cristo como el Logos preexistente. "El concepto del Cristo preexistente es el factor más significativo en el desarrollo [de la Trinidad]."[267]

Justino Mártir (100-165 D.C.)

"Podemos aprender indiscutiblemente que Dios conversó con alguien quien era distinto numéricamente de Sí mismo y además un Ser racional."[268] (Génesis 1:26, "Hagamos...")

Tertuliano (160-220 D.C.)

"Tertuliano toma su punto de partida en la doctrina del Logos pero lo desarrolla de una manera que se convirtió en algo significativo históricamente. El Logos es...una Persona independiente....Él extendió la doctrina del Logos a la doctrina de la Trinidad."[269]

---

[266] Heick, *A History of Christian Thought*, Vol. I (Phi-ladelphia: Fortress Press, 1965), 59.

[267] Loofs, *Nestoriana: Die Fragmente des Destorius*. (Halle, 1905), 314-315. Citado por Pelikan, 189.

[268] Justino, *Second Apology*, capítulo 62, Schaff, *Early Church Fathers*.

[269] Louis Berkhof, *The History of Christian Doctrines* (Carlise, Penn.: The Banner of Truth, 1937), 65.

Resumen

Orígenes (185-254 D.C.)

Si el Hijo es una persona separada el cual preexistió pero fue engendrado por el Padre, ¿cuándo lo engendró el Padre? Orígenes responde: "El Padre... siempre lo está engendrando."[270] A ésto se le llegó a conocer como "generación eterna."

Los Concilios de Nicea (325 D.C.) y Constantinopla (381 D.C.)

La engendración del Hijo antes de Belén no se adoptó en el primer credo sino fue añadida al credo modificado en 381:

> Y en un solo Señor Jesucristo...nacido del Padre *antes de todos los siglos*: Luz de Luz, Dios verdadero de Dios verdadero, engendrado, no creado, de la misma naturaleza que el Padre.

Observe las palabras añadidas al Credo Niceno—mostradas en letras cursivas.

La definición de Calcedonia (451 D.C.)

Jesús fue engendrado dos veces: antes de todos los siglos y también en el vientre de María.

---

[270] Otto Heick, *A History of Christian Thought*, Vol. I (Philadelphia: Fortress Press, 1965), 53.

Agustín de Hipona (345-430 D.C.)

Agustín expuso la teología de la trinidad en su libro, *On the Trinity*:

El Padre es Dios, el Hijo es Dios, el Espíritu Santo es Dios y esta Trinidad no es de tres Dioses sino de un Dios.[271]

El Credo de Atanasio (c. de 525 D.C.)

Los escritos de Agustín se usaron como una base para el próximo credo importante. Esta "declaración de fé" se nombró por Atanasio, quien vivió dos siglos antes.[272] Se convirtió en la base de la iglesia católica y la mayoría de las iglesias protestantes. "Tres personas separadas coiguales y coeternas," tomarían parte de las declaraciones del credo de las iglesias principales.

Porque hay una persona del Padre, otra del Hijo y otra del Espíritu Santo. Mas la Divinidad del

---

[271] Agustín, *The Trinity*, trans. Stephen McKenna (Washington, D.C., The Catholic University of America Press, 1963), 11.

[272] No hubo mención alguna de la palabra "Trinidad" en la obra principal de Atanasio, *On the Incarnation*. Atanasio fue llamado el "campeón" de Nicea pero sin duda no desarrolló las condiciones coiguales y coeternas de las personas. Su misión era ir en contra de los errores de Arrio.

Padre, del Hijo y del Espíritu Santo es toda una, igual la gloria, coeterna la majestad.

Etapas Finales

Comenzaron a aparecer declaraciones tales como las siguientes:

"El compartir amor no puede existir a menos que sea entre menos de tres personas."[273]

"El Dios trino es una comunidad relacional. A lo largo de la eternidad el Padre, Hijo y Espíritu Santo han existido en una unidad afectuosa e interactiva."[274]

---

[273] Ricardo de San Victor, citado por McGrath, 267.

[274] Glen Scorgie, *A Little Guide to Christian Spirituality: Three Dimensions of Life with God* (Grand Rapids: Zondervan, 2007), 57.

Reflexiones

Parece, en retrospectiva del dogma desarrollante de la trinidad, que Pablo estaba advirtiendo proféticamente a los colosenses: "Cuídense de que nadie los cautive con la vana y engañosa filosofía que sigue tradiciones humanas, la que va de acuerdo con los principios de este mundo y no conforme a Cristo" (Colosenses 2:8, NVI). La cuestión de la Deidad se presenta sencillamente en el próximo versículo: "Toda la plenitud de la divinidad habita en forma corporal en Cristo." "Dios estaba en Cristo reconciliando consigo al mundo" (2 Corintios 5:19). Parece que Pablo no explicó las cuestiones más allá de este punto. McGrath dice que siempre hay una "tendencia creciente de cristalizar al entendimiento cristiano determinativo central en fórmulas cortas para propósitos pedagógicos y defensivos."[275] En otras palabras, la Deidad se convirtió en fórmulas filosóficas—exactamente lo que advirtió Pablo.

Millard J. Erickson escribió un libro teológico que se usa en muchos seminarios. En su capítulo sobre la trinidad, comenta: "En el análisis final, la Trinidad es incomprensible. No podemos entender completamente el misterio de la Trinidad."[276] "En la práctica," añade, "aun

---

[275] McGrath, 175.

[276] Millard J. Erickson, *Christian Theology*,

los cristianos ortodoxos tienen dificultad aferrándose simultáneamente a varios de los componentes de la doctrina."[277] Estoy de acuerdo. En general, es rara la vez que la trinidad se acepte de igual manera. Sin embargo, paradójicamente se usa como un detector de ortodoxia para cristianos, ministros, estudiantes con potencial en escuelas bíblicas, y así sucesivamente.[278] Curiosamente, Erickson comienza su final de este capítulo sobre la trinidad con un tono diferente:

> La doctrina de la Trinidad es un ingrediente crucial de nuestra fe...Es oportuno dirigir oraciones de agradecimiento y peticiones a cada uno de los miembros de la Trinidad, como también a todos colectivamente.[279]

No hay Escritura alguna que apoye ésto. Si cada "persona" debe recibir su alabanza por igual, entonces son personas reales y existen celos entre ellas.

La última palabra de Erickson sobre la cuestión es una cita de "alguien" quien ve la paradoja al tratar de

---

Second Edition (Grand Rapids: Baker Academic, 1998), 363.

[277] Ibid., 365.

[278] Éste no fue el método de selección que Betel usó para [elegir] estudiantes con potencial. Entiendo que fue un requisito que se levantó varios años atrás.

[279] Erickson, 367.

entender la trinidad:

Trate de explicarlo, y perderá su mente; Pero trate de negarlo y perderá su alma.[280]

Mientras que eso fue un toque de humor, no está bien fundado. El Credo de Atanasio nos pide saber que la trinidad es incomprensible, pero el no creer en ella supuestamente condenará a nuestras almas. ¿Cómo se nos puede pedir creer en algo que no podemos entender y aún si no lo creemos estaremos perdidos?[281]

Permanece el hecho en la historia que los discípulos obedecieron Mateo 28:19 y Lucas 24:47 al bautizar en el nombre de Jesús.[282] Mientras surgía el

---

[280] Ibid.

[281] Por favor véase el último verso del Credo de Atanasio. Está en el capítulo sobre los credos principales.

[282] Algunos, como Basilio, sugirieron que el bautismo en el nombre de Jesús era sólo "una referencia abreviada a la misma cosa." (Bernard, ibid.) Esta teoría me parece insuficiente. Además, hay teorías que [dicen] que Mateo 28:19 originalmente decía "en mi nombre" y se cambió. Eusebio, el primer historiador de la iglesia, citó a Mateo en la fórmula más corta antes del Concilio de Nicea. Para esta mención y un argumento detallado que "en el nombre del Padre, y del Hijo, y del Espíritu Santo" fue interpolado por generaciones subsecuentes trinitarias, véase

modo trinitario, también surgía la teología de la Trinidad.

La palabra "trinidad" no se encuentra en las Escrituras, pero eso por sí mismo no debería excluír su uso. Aunque cierta palabra teológica no se encuentre en las Escrituras, aún podemos tener la tendencia de usarla. (Y este uso debe ser con gran cuidado; ¡*omoousios* sin duda no tuvo éxito!) Para ser un término teológico válido, sin embargo, la palabra usada debe tener un significado bíblico revelador.

Yo propongo que la definición problemática principal de la palabra "trinidad" es que refleja la teoría platónicamente inspirada de la preexistencia del Logos, el cual se convirtió en el Cristo. Si Cristo preexistió, ¿cómo? La filosofía griega precristiana antigua lo presentaría como un alma preexistente y coexistente. Cuando el cristianismo mezcló ésto, Él era una deidad preexistente separada—hasta "distinta numéricamente" de Dios. Si Cristo fue preexistente y coigual y coeterno como una deidad separada en el cielo como el Hijo antes

---

Baptism in the New Testament por G.R. Beasley-Murray (London: MacMillan & Co., Ltd., New York: St. Martin's Press, Inc. 1962), 77-81. David Reed, autor de *In Jesus' Name* (Blandford Forum, Ddorset DT11 1AQ, UK) 243, está de acuerdo con esta posibilidad. De ser ésto así, tendríamos una explicación más amplia de porqué el bautismo en el nombre de Jesús fue el único bautismo hasta aproximadamente 130 D.C. Por supuesto, esta teoría en su totalidad no está "grabada en piedra" y plantea otras preguntas controversiales.

de su natividad, nuestra base básica monoteísta de "un Dios" (como en Deuteronomio 6:4) se destruiría.

González, observando a toda la era patrística y sus definiciones, resume:

> Una evaluación general del desarrollo del pensamiento cristiano hasta los tiempos del Concilio de Calcedonia debe afirmar que el desarrollo implica sin duda alguna una helenización profunda del cristia-nismo. Esa helenización tiene que ver no sólo con las cuestiones de forma o vocabulario, sino también con el entendimiento mismo de la índole del cristianismo, y por lo tanto creó problemas que idealmente se pudieron haber evitado al seguir otras avenidas de interpretación filosófica.[283]

La pregunta en muchas mentes es: ¿Qué de la palabra "personas"? Debido a que ésta es una parte tan importante de la definición e historia de la trinidad, ¿qué significado debería tener esta terminología? Richardson responde a esta pregunta:

> Depende de la perspectiva que tomemos del significado de la palabra "persona". Aquellos que formularon la doctrina de la Trinidad en la Iglesia no tenían la intención de dar el significado de "persona" a lo que significa para nosotros hoy...A menudo se supone que la doctrina cristiana de

---

[283] González, 394.

la Trinidad nos compromete a la creencia en la Deidad la cual consiste de tres personalidades separadas, y ciertamente muchos miembros de la iglesia de esta manera interpretan la doctrina hoy. Tal interpretación se llama la "doctrina social" de la Trinidad, porque de esta manera la Deidad se considera que es una sociedad de personas. **Es difícil ver como cualquier formulación de esta perspectiva puede prevenir lógicamente el cargo de Triteísmo.**[284]

¡Los comentarios audaces de Richardson se encuentran en negritas! Muchos han hecho la pregunta, "¿Cuál es la diferencia entre la posición trinitaria de 'Dios en tres personas, Trinidad bendita'[285] y la postura Unicitaria de 'Un Dios en tres cargos'?" ¿Qué tiene de malo la palabra "personas"? Mi respuesta es ésta: "Personas" llegó a significar tres individuos quienes pueden hablar entre ellos mísmos. Estas personas se definen como coiguales y coeternas. Ésto significa que Jesús fue preexistente en Su Deidad antes de su nacimiento, siendo tanto eterno como igual. Después el Espíritu Santo se convierte (en el segundo concilio en 381 D.C.) en otra persona coigual a las otras y puede conversar con ellas. Ésto no es monoteísmo bíblico sino, como dice Richardson, triteísmo.

Si algún desarrollador de la doctrina trinitaria

---

[284] Richardson, 60.

[285] Éste es el nombre del muy conocido canto al principio llamado "Nicea". Veáse abajo.

debiera ser acusado con precisión de triteísmo, ése sería Agustín. Su resumen de la trinidad siendo el "Padre eterno amando al Hijo eterno por medio del Espíritu eterno" no es nada menos que conjetura intelectual. Cuando se trata de la palabra "personas," sin embargo, hasta él declaró, "Decimos tres personas, no para poder expresarlo, sino para no quedarnos en silencio."[286]

Es importante señalar que las palabras "Dios en tres personas" no fueron usadas por los "padres" de la iglesia hasta el tiempo de Agustín. Podemos encontrar su uso una vez por Agustín en *On the Trinity* [Libro 12, capítulo 15]. Lo más probable es que este conjunto de palabras fue hecho famoso por el himno "Santo, Santo, Santo," escrito por Reginald Heber en 1826 y con música añadida por John Dykes en 1861.[287]

Kelly señala que "Agustín...estaba claramente descontento con el término"[288] debido a su ambigüedad. Gregory Boyd, después de percatarse de la declaración de Agustín, dice:

---

[286] Heick, 166.

[287] Un estudio más extenso podría corroborar esta premisa, pero es interesante que "Dios en tres personas" no existió en los primeros tres siglos de la iglesia. (Se realizó una investigación electrónica con *Early Church Fathers*). En el rechazo divisorio de la Unicidad por las Asambleas de Dios en 1916 en su primera etapa, las palabras se cantaron casi tan sagradamente como si fueran de las Escrituras.

[288] Kelly, *Doctrines*, 274.

Sencillamente no hay mejor término disponible...
Es por esta razón que considero oportuno
colocar la palabra "persona" entre comillas,
recordándole al lector que estamos usando la
palabra en un sentido único y no literal.[289]

¿Funcionaría el usar comillas en la palabra
"personas"? ¿Qué lector no pensaría en las "personas"
que se desarrollaron a través del tiempo—coiguales y
coeternas? La nueva doctrina ha sido muy desarrollada
para volver hacia atrás de nuevo.

Nunca se tuvo que haber mezclado la filosofía
con la revelación divina. Jesús le dijo a Pedro que la
identidad del Cristo "no [se la] reveló carne ni sangre"
(Mateo 16:17). Pablo escribió que el evangelio que él
predicaba "no es según hombre" (Gálatas 1:11). El Dios
de los cielos quien era eterno entró en el tiempo y "fue
manifestado en carne" (1 Timoteo 3:16).[290] Ése es quien

---

[289] Boyd, 163. Boyd también comenta
que Agustín se sentía "incómodo" con la palabra
"trinidad" (ibid., 173).

[290] La lectura de RVR1960 de 1 Timoteo
3:16 dice que "Dios" fue manifestado. Estoy
consciente que algunas de las versiones nuevas,
basadas en nuevos manuscritos, dicen "Él" o algo
similar. La mejor refutación que he leído sobre
ésto es de los comentarios de Adam Clarke.
Escribió, "Los enemigos de la Deidad de Cristo
se han esforzado para destruír la evidencia

es Jesús. Éste es el misterio de la piedad: Él se hizo como nosotros para hacernos los hijos (e hijas) de Dios. Pero no fue un segundo dios preexistente quien hizo esto: fue Dios.

Para que no haya ningún malentendido: nadie está afirmando tener conocimiento perfecto. Aun Frank Ewart, el predicador quien encabezó el movimiento Unicitario en 1913 y 1914, escribió estas palabras:

> Toda unidad de la cristianidad tiene la característica aparente de convertir la corriente de vida del Calvario en un canal sectario. Anuncian, por medio de la introducción de leyes y reglas particulares y distintas respecto a su confraternidad, su creencia que la vida y el poder dependen de un sistema correcto de su doctrina.
>
> Ésto no es necesariamente así en lo absoluto. Por otro lado, entre más intricada sea la doctrina más dividido estarás realmente. Ellos no tenían doctrina alguna en Pentecostés, pero tenían tal unidad como nunca antes se ha visto en el mundo.
>
> No me malinterprete...un cuerpo de doctrina está destinado a crecer a Su alrededor. No podemos

---

proporcionada por la lectura común en apoyo a esta doctrina." Continúa explicando los errores de la palabra "Él" en vez de la palabra "Dios" quien fue manifestado en carne.

estar sin doctrina. Pero se debe sostener contínuamente en la luz blanca de Su Persona, y mantenerse bajo [la acción] correctiva constante de su Vida Santa. Recordémonos que ningún credo puede dar vida; ninguna verdad doctrinal, por mucho que sea ennoblecedora, puede salvar el alma humana de la muerte. Deben salvarse por una Persona, sólo una Persona, y sólo por Una Persona.[291]

Frank Ewart no estaba diciendo que la doctrina no es importante. Tampoco lo digo yo.[292] Pero el detalle es éste: debemos permitir que el Espíritu de Dios enseñe, y debemos permanecer solamente con doctrina bíblica. Entonces no estoy afirmando que la sabiduría murió conmigo o "nosotros" en nuestro campamento Unicitario. Pero sí estoy afirmando que la conjetura intelectual tomó el lugar de la revelación. Ésto se hizo en la época de los concilios de la iglesia, bajo la influencia de la filosofía griega.

Vamos a actualizar esto brevemente. En 1913, comenzó un "nuevo movimiento". Se había extendido

---

[291] Frank Ewart, *The Name and the Book* (Hazelwood, Mo.: Word Aflame Press, 1986 [Copyright Original 1936]), 105-106.

[292] Mi acuerdo con Ewart coincide con el comentario de Howard Goss en los años de la década de 1910: "No podemos reducir a Cristo con una fórmula." Debemos amar a Jesús primero, y luego su doctrina se debe defender.

un gran avivamiento en los Estados Unidos por casi siete años. En un campamento cerca de Los Angeles se le pidió a un evangelista[293] canadiense que dirigiera el sevicio bautismal. Él anunció que el bautismo en las Escrituras siempre se hizo en el nombre de Jesús, no en el uso subsiguiente histórico del "nombre del Padre, y del Hijo...." Éste fue el "disparo que se había escuchado por todo el mundo," según Frank Ewart. Fue un año completo antes de que Ewart bautizara públicamente a su asistente en el nombre de Jesús. Su asistente a su vez bautizó a Garfield Haywood. Y tenemos nuestra historia.

El movimiento de pentecostales bautizando en el nombre de Jesús se llamó la "Nueva Cuestión". Éste es un nombre curioso. ¿Era realmente nueva? Después de todo, el bautismo en el nombre de Jesús difícilmente era algo "nuevo" que empezó en el siglo veinte. Sus comienzos se pueden encontrar en el primer siglo—¡en el Libro de Hechos! De hecho, una "nueva cuestión" comenzó a finales del segundo siglo. La "nueva cuestión" comenzó con Mártir, Tertuliano, Orígenes y Agustín. La "nueva cuestión" era una "nueva doctrina." Esa nueva doctrina es la trinidad. Espero que mi nuevo amigo[294] se rehúse a creer su enseñanza.

---

[293] Robert McAlister.

[294] ¡Por favor véase el Prefacio!

Bibliografía Anotada

Augustine. *The Trinity*. Translated by Stephen McKenna. Washington, D.C., The Catholic University of America Press, 1963. Éste es *el* libro teológico del quinto siglo el cual solidificó los pensamientos de coigualdad y coexistencia de las edades subsiguientes.

Beasley-Murray, G. R. *Baptism in the New Testament*. London: MacMillan & Co, Ltd; New York: St. Martin's Press, Inc. 1962. Este autor es muy detallado. Se cubre al bautismo no sólo desde el punto de vista de Hechos sino también desde el de la historia de la iglesia.

Beisner, E. Calvin. *God in Three Persons*. Wheaton: Tyndale House Publishers, 1984. Este libro es muy conocido y se usa a menudo como una defensa del trinitarismo.

Bercot, David, editor. *A Dictionary of Early Christian Beliefs: A Reference Guide to More Than 700 Topics Discussed by the Early Church Fathers*. Peabody, Mass: Hendrickson Publishers, 1998. Se cubren estos 700 temas en más de 700 páginas con citas de escritores cristianos primitivos. Lo mejor de todo es que se citan fuentes primarias.

Berkhof, Louis. *The History of Christian Doctrines.* Carlisle, Penn.: The Banner of Truth, 1937. El autor es un historiador teológico respetado.

Bernard, David. *A History of Christian Doctrine, The Post-Apostolic Age to the Middle Ages, AD 100-1500,* Vol. I. Hazelwood, Mo.: Word Aflame Press, 1995. Se escribe desde el punto de vista de un pentecostal Unicitario. Bernard es el historiador más prolífico que representa a la Iglesia Pentecostal Unida.

_____. *The Trinitarian Controversy in the Fourth Century.* Hazelwood, Mo.: Word Aflame Press, 1993. Ésta es una fuente excelente.

_____. *Oneness and Trinity, AD 100-300: The Doctrine of God in Ancient Writings.* Hazelwood, Mo.: Word Aflame Press, 1991. Ésta también es una lectura excelente sobre el tema. Estos dos libros son unos "que hay que leer" sobre el tema del desarrollo de la trinidad.

Boyd, Gregory. *Oneness Pentecostals & the Trinity.* Grand Rapids: Baker Book House, 1992. Boyd, alguna vez con la UPC [siglas en inglés para la "Iglesia Pentecostal Unida"], critíca al movimiento Unicitario, a la UPC y a Bernard. Su libro ha "andado de boca en boca" y se debería leer.

Cary, Phillip. Lectures on CD: "Augustine: Philosopher and Saint." Chantilly, VA: The Teaching Company,

1997. Cary es un conferencista y profesor de seminario. Este disco compacto es fácil de escuchar y explica las teologías de Agustín.

Carroll, Michael. *Trinitas: A Theological Encyclopedia of the Holy Trinity*. (Wilmington, Del: M. Glazier, 1987). Carroll, un escritor católico romano, brinda una herramienta de referencia magnífica para el tema.

Erickson, Millard J. *Christian Theology*, Second Edition. Grand Rapids: Baker Academic, 1998. (Véase el capítulo 16: "God's Three-in-Oneness: The Trinity", 346-367.) Éste es un patrón de fuente teológica para estudiantes. Debido a eso, este capítulo puede ser útil para entender definiciones modernas de la trinidad.

Ferm, Vergilius. *A History of Philosophical Systems*. New York: The Philosophical Library, 1950. Ésta es una lectura magnífica para alguien que se interesa en Sócrates, Platón, Aristóteles, Filón, etc., y cómo ellos influenciaron a la época cristiana.

González, Justo L. *A History of Christian Thought*. Nashville: Abingdon Press: 1970-1971. Este libro sigue las tendencias a través de los siglos. Este autor es uno de los mejores en la historia de la iglesia y sus libros son fáciles de leer. Probablemente también es el más prolífico en el campo. También se recomiendan *A Concise History of Christian Doctrine* y *Christian Thought Revisited*, ambos publicados por

Abingdon.

_____. *The Story of Christianity*, Peabody, Massachusetts: Prince Press, 1984. Éste es el libro de texto principal que se usa en muchas escuelas bíblicas y de postgrado para cursos en la historia de la iglesia. Los capítulos 17, 19 y 20 son particularmente útiles, los cuales tratan con el desarrollo de la teología trinitaria.

Grenz, Stanley J., David Guetzki, and Cherith Fee Nordling. *Pocket Dictionary of Theological Terms*. Downers Grove, Ill.: InterVarsity Press. 1999. Se citan definiciones tradicionales.

Grillmeier, Aloys. *Christ in the Christian Tradition*, Vol. I. New York: Sheed and Ward, 1964. Ésta es una historia muy detallada sobre la historia primitiva de la cristología desde 100 hasta 451 D.C.

Harnack, Adolph. *History of Dogma*, Vol. II, IV, trans. Neil Buchanan. New York: Dover Publications, 1961. Este autor es conocido por su opinión sobre la helenización de la cristianidad. Es respetado por algunos y criticado por otros.

Heick, Otto W. *A History of Christian Thought*, Vol. I. Philadelphia: Fortress Press, 1965. Este autor es uno de los mejores y más respetados. Lectura moderada. Esta fuente probablemente fue la que más se citó en esta investigación.

Kelly, J.N.D. *Early Christian Creeds*. New York: David McKay Company, Inc., 1960. Kelly es uno de los historiadores más respetados. A veces sus escritos son difíciles de leer, pero vale la pena el esfuerzo.

_____. *Early Christian Doctrines*. London: Adam and Charles Black, 1958. Éste es uno de los libros más leídos de Kelly.

_____. *The Athanasian Creed*. London: Adam and Charles Black, Limited, 1964. Kelly hace un trabajo magnífico con las implicaciones históricas y teológicas de este credo importante.

McCready, Douglass. "He Came Down from Heaven: The Pre-existence of Christ Revisited." *Journal of the Evangelical Theological Society* 40/3 September 1997, 419-432. El author visita de nuevo la cuestión.

McGrath, Alister. *The Christian Theology Reader*. Second Edition. Malden, Ma: Blackwell Publishing, 2001. (Chapter 3: The Theology of God: 170-44). McGrath es el editor de este libro sobre fuentes primarias. Sus propios comentarios están incluídos. Este libro se usa típicamente en escuelas bíblicas y seminarios. Este libro contiene una provisión magnífica de fuentes primarias.

McKim, Donald K. *Theological Turning Points; Major Issues in Christian Thought*. Atlanta: John Knox Press, 1988. El libro de McKim es un resumen de divisiones históricas. El lector puede darse cuenta que sus escritos son fáciles de comprender.

Meredith, Anthony. *The Cappadocians*. Crestwood, New York: St. Vladimer's Seminary Press, 2000. Este libro es probablemente el más completo sobre los tres capadocios.

Olson, Roger E, and Adam C. English. *Pocket History of Theology*. Downers Grove, Ill.: InterVarsity Press, 2005. A menudo se usa en seminarios y escuelas bíblicas.

Payne, Robert. "A Hammer Struck at Heresy Christian History," *Christian History*, Issue 51. Este artículo detalla las controversias del Concilio Niceno. Muchos otros artículos útiles también se pueden encontrar en otros artículos del número ("Heresy in the Church"), como también en el número 85 ("The Council of Nicea: Debating Jesus' Divinity"). Se puede obtener toda la serie de números en www. ChristianHistory.net.

Pelikan, Jaroslav. *The Christian Tradition; A History of the Development of Doctrine; Vol. I: The Emergence of the Catholic Tradition (100-600)*. Chicago: University of Chicago Press, 1971. Él es absolutamente uno de los historiadores más respetados, junto con Heick y González.

Richardson, Alan. *Creeds in the Making: A Short Introduction to the History of Christian Doctrine*. Great

Britain, Macmillan Company, 1935. Éste es un resumen que se puede leer sobre el desarrollo de doctrinas importantes, incluyendo a la trinidad.

Schaff, Philip. *History of the Christian Church, Vol. III: Nicene and Post-Nicene Christianity: From Constantine the Great to Gregory the Great, AD 311-300*. Grand Rapids: Eerdmans Publishing Company, 1910. La obra de Schaff (como la de Kelly) es una referencia muy respetada para fuentes primarias.

_____, editor. *Early Church Fathers*. CD-ROM. Waco, Texas: Epiphany Software, 2006. Originalmente ésta era una serie de tres tomos de 18,000 páginas. La forma en disco proporciona oportunidades para hacer investigaciones electrónicas de todos los escritores postapostólicos conocidos hasta el noveno siglo. Funciona como adición a *Word Search*, también disponible en Epiphany. Recomiendo ambos discos encarecidamente.

Stannus, Hugh. *A History of the Origin of the Doctrine of the Trinity in the Christian Church*. London: Christian Life Publishing Company, 1882. Este autor no es muy conocido en círculos escolásticos pero señala algunas cuestiones interesantes.

TeSelle, Eugene. *Augustine*. Nashville: Abingdon Press, 2006. Este es un libro fácil de leer sobre todas las teorías de Agustín.

Wand, J.W.C. *The Four Councils*. Great Britain, Faith

Press, Ltd., 1951. Este autor cubre detalladamente los concilios de 325 (Nicea), 381 (Constantinopla), 431 (Éfeso) y 451 (Calcedonia). Es un poco verboso pero muy completo.

Wright, David. "Trinity", *Encyclopedia of Early Christianity*. Edited by Everett Ferguson. New York: Garland Publishers, 1997. Un resumen bastante fácil de leer del desarrollo de la trinidad.

Bibliografía Anotada

Una última nota: ¡Gracias por leer! Siéntase con la libertad de hacer comentarios o de comunicarse conmigo para seminarios sobre este tema u otros relacionados.
Correo-electrónico: glen-davidson@bethel.edu